Edy Lima

QUARTO DE DESPEJO *Teatro*

baseado no diário de Carolina Maria de Jesus

editora ática

Quarto de despejo : teatro - Baseado no diário de Carolina Maria de Jesus

Presidência	Mario Ghio Júnior
Direção de Operações	Alvaro Claudino dos Santos Junior
Direção Editorial	Daniela Lima Villela Segura
Gerência Editorial e de Negócios	Carolina Tresolavy
Gerência Editorial	Fabio Weintraub
Coordenação Editorial	Laura Vecchioli
Edição	Kandy Saraiva e Juliana Muscovick
Colaboração	Andreia Pereira
Projeto Gráfico e Diagramação	Nathalia Laia
Ilustração de Capa	No Martins
Planejamento e Controle de Produção	Flávio Matuguma, Juliana Batista e Juliana Gonçalves
Revisão	Hires Héglan e Marília Bellio
Projeto Pedagógico	Patrícia Anunciada

Dados Internacionais de Catalogação na Publicação (CIP)

Lima, Edy, 1926-
Quarto de despejo : teatro : baseado no diário de Carolina Maria de Jesus / Edy Lima ; ilustração de No Martins. -- 1. ed. -- São Paulo : Ática, 2020.
104 p.

ISBN 978-85-08-19603-6

1. Teatro brasileiro 2. Jesus, Carolina Maria de, 1914-1977 - Diário 2. Negras - Brasil - Biografia 3. Favelas - São Paulo (SP) - Condições sociais 4. Negras - Brasil - Condições sociais I. Título II. Martins, No

20-4487 CDD B869.2

Angélica Ilacqua CRB-8/7057

CL 750509
CAE 735250

2021
1ª edição
2ª impressão
Impressão e acabamento: EGB Editora Gráfica Bernardi Ltda.

editora ática
Direitos desta edição cedidos à Somos Sistemas de Ensino S.A.
Av. Paulista, 901, Bela Vista - São Paulo - SP - CEP 01310-200
Tel.: (0xx11) 4003-3061

Conheça o nosso portal de literatura Coletivo Leitor:
www.coletivoleitor.com.br

SUMÁRIO

APRESENTAÇÃO

CAROLINA NO TEATRO

Sobre esta edição

Quarto de despejo: diário de uma favelada, lançado em 1960, é uma das obras da literatura brasileira mais traduzidas para outras línguas. Causou alvoroço na sociedade — e na crítica literária — quando alçou ao sucesso e ao reconhecimento público uma mulher negra, mãe solo, catadora de papel, moradora da favela, pouco letrada.

Enquanto houve quem prestigiasse Carolina reconhecendo em seus escritos a audácia e a necessidade de expor a realidade dura que a maioria insistia — e ainda insiste — em ignorar, também houve quem a criticasse por ousar escrever fora dos padrões do cânone literário, por se considerar escritora ainda que só tivesse cursado até o segundo ano do Ensino Fundamental da época. Por que tanto incômodo? Quanto as palavras de Carolina Maria de Jesus remexeram o âmago da sociedade para tamanho desdém?

Se apenas ler *Quarto de despejo* já causa inúmeras reflexões sobre as relações humanas, sobre desigualdade social, fome, família, abandono, miséria, política, falta de saneamento básico, privação de direitos, machismo, preconceito, burocracia, persistência, desespero, fé, consumo, racismo, alcoolismo e tantas outras questões como essas, que outras reações não seriam provocadas ao ver tudo isso sendo encenado em uma peça de teatro?

Em 1961, então, esse "diário de uma favelada" foi adaptado para o teatro pelas mãos de Edy Lima, que Carolina havia conhecido no ano anterior, quando assistiu à peça *A farsa da esposa perfeita*, da mesma autora, em Pelotas (RS), quando viajava para divulgar *Quarto de despejo*.

Carolina compareceu a vários ensaios, conheceu tanto Amir Haddad, que dirigiu a montagem e dá seu testemunho no prefácio deste livro, quanto os atores e atrizes que encenaram seu *best-seller*, entre elas Ruth de Souza, que magistralmente fez o papel de Carolina na primeira montagem da peça. A atriz começara sua carreira no Teatro Experimental Negro (TEN), companhia fundada por Abdias Nascimento, fundamental para a luta antirracista nos palcos e na televisão no Brasil.

Ruth de Souza foi a primeira atriz negra a se apresentar no Theatro Municipal do Rio de Janeiro, em maio de 1945, e também a primeira brasileira indicada ao prêmio de melhor atriz em um festival internacional de cinema — o Festival de Veneza, em 1954 —, por sua participação em "Sinhá Moça". Seu pioneirismo abriu portas para que artistas negros fossem cada vez mais ocupando espaço no teatro, no cinema e na televisão.

Como laboratório, Ruth de Souza usou roupas da própria Carolina, separadas por esta. Foi com Carolina à favela, carregando o saco de catar papel, para, nas palavras da própria Carolina, "identificar os tipos para representar no palco". A atriz precisava sentir literalmente na própria pele o que era viver como Carolina na favela. Foi fotografada, com uma lata d'água na cabeça, próxima à torneira na qual todos os dias Carolina ia buscar água.

Carolina Maria de Jesus levou os filhos ao Teatro Bela Vista, onde a peça foi encenada pela primeira vez, para que vissem um ensaio, e registrou a impressão de João, o filho mais velho, ao assistir a uma das cenas: "Tenho pavor de recordar esta quadra da nossa vida". O pavor, sempre ele, lá, incomodando.

Também foi assistindo a uma das encenações da peça, após a estreia, que Carolina conheceu Jorge Amado, ao lado de quem se sentou na plateia e a quem achava que deveriam chamar de Jorge Amor, tamanha a cortesia e delicadeza com que ele a tratou na ocasião.

Entretanto, apesar do estrondoso sucesso de *Quarto de despejo*, a peça de teatro nunca chegou a ser publicada em livro. Estava mais do que na hora de reparar esse equívoco. E a comemoração dos sessenta anos de publicação da obra tornou isso possível.

Além de difundir o texto da adaptação teatral, esperamos com esta publicação levar *Quarto de despejo* a muitos palcos, multiplicando Carolinas, reverberando a contundência da voz de uma das escritoras mais corajosas da literatura brasileira, para, sessenta anos depois, tornar audíveis as estrelas que Carolina via ao meio-dia, tamanha a sua fome, porque "Quando uma criança passa fome, é problema de todo mundo", diz Carolina, diz Carolina-Ruth de Souza, diz Carolina-Edy Lima.

Os editores

CAROLINA

Já se passaram sessenta anos desde que este acontecimento se deu. Uma mulher, preta favelada, catadora de papel, é "descoberta" por um repórter que reúne seus escritos e os publica. É um sucesso estrondoso. Imediato.

Na época, eu era um jovem diretor de teatro.

Edy Lima, autora de *A farsa da esposa perfeita*, já era escritora de sucesso quando resolveu adaptar Carolina para o teatro. Não sei como nem por que fui escolhido para dirigir a encenação desse texto.

Na ocasião, o Antônio Abujamra disse que eu era um "escoteiro" cheio de boas intenções e que deveria encenar o texto de uma mulher favelada catadora de papel. Pois me fez muito bem!

Assim, passei a fazer parte da história dessa mulher surpreendente que foi Carolina. Ela assistia a quase todos os ensaios sentada ao meu lado no Teatro Bela Vista, em São Paulo.

Ruth de Souza encenava Carolina. Mais de vinte atores negros em cena. Apenas um branco, digo, branca, Celia Biar. Atriz elegante fazendo uma favelada.

Teatro lotado sempre. Classe média branca paulistana na plateia. Depois do espetáculo iam aos camarins oferecer emprego de doméstica para as atrizes negras. Pasmem!

Agora a peça finalmente é publicada. Novas gerações terão contato com ela, e quem sabe haja condições históricas e econômicas para uma nova montagem.

Fico muito ansioso para saber como seria essa encenação e como seria recebida pelas plateias... Sessenta anos depois.

Por enquanto, fiquem com o livro, "germe – que faz a palma; [...] chuva – que faz o mar"[1] como tão bem escreveu Castro Alves, o poeta negro da Abolição.

Salve Carolina Maria de Jesus!

1 Versos do poema "O livro e a América", da obra *Espumas flutuantes*, de Castro Alves, em domínio público.

Amir Haddad

Ator, diretor e professor de teatro, dirigiu Quarto de despejo *na montagem de 1961.*

DAS RAZÕES QUE ME LEVARAM A ESTA ADAPTAÇÃO E DA TÉCNICA USADA

Em geral, quem leu *Quarto de despejo* mostra-se curioso em saber como o tema foi transposto para o palco. Quando se fala em adaptação, pensa-se logo em transformar em ação dramática o entrecho de uma obra de ficção. Sendo *Quarto de despejo* um diário e principalmente um levantamento sociológico, não tem entrecho no sentido em que este ocorre na obra de ficção; portanto, no sentido literal, não há possibilidade de transpô-lo. Era necessário escrever uma peça e não adaptar uma história. Foi o que fiz. E fazendo isso mantive a atmosfera do diário, o problema por ele levantado e o sentimento que o inspirou.

São grandes as diferenças entre *A farsa da esposa perfeita*[2] e *Quarto de despejo*, sem que com esta segunda peça esteja nem de longe renegando a anterior. Por ocasião de *A farsa da esposa perfeita*, eu disse, em entrevista a Delmiro Gonçalves, que pretendia saltar da técnica farsesca, usada naquela peça, gênero de teatro bem definido e com suas características próprias, para a procura de rumos mais largos.

2 Referência à peça mais conhecida escrita por Edy Lima, uma comédia que retrata a linguagem e os costumes do Rio Grande do Sul. A peça trata de uma mulher que faz de tudo para ajudar o marido. Estreou em 1959 e teve montagens em 1960, 1961, 1966 e 1993.

A mudança completa não só de técnica, mas também de gênero e assunto verificada de uma peça para a outra, é decorrente de minha convicção íntima de que a obrigação do artista é renovar-se. Na minha opinião, é preferível que se esteja em contínua busca do que na cômoda segurança de repetir um acerto. Esta segunda posição é fácil sob todos os aspectos, inclusive porque muitos esperam que um autor repita, em suas peças subsequentes, algo de semelhante à primeira, em que já obteve êxito. Outros chegam mesmo a confundir esse comodismo com estilo, quando este é algo de mais intrínseco e não está ligado apenas às exterioridades evidentes. Por outro lado, a história dos maiores autores de teatro nos mostra, sem pretendermos cair em autoelogio, que eles se exercitaram em gêneros múltiplos; essa mesma argumentação serve para justificar o fato de não ser esta uma peça original, mas, sim, a transposição para o teatro de obra escrita por outro autor. E veio daí minha escolha do diário de Carolina Maria de Jesus.

Essa escolha nada tem que ver com o sucesso da obra original, embora considere esse sucesso muito merecido. Eu o escolhi porque havia ali o levantamento de um problema, que, embora não se possa dizer que seja novo, nem como problema, nem como tema literário, era realizado pela primeira vez de dentro para fora, quando em todos os demais casos em que foi abordado, por razões óbvias, sentia-se o de fora para dentro, o de cima para baixo, com os prejuízos consequentes. Tentou-me pôr no teatro esse problema em toda sua crueza. Havia ainda alguns aspectos da personalidade que Carolina nos expõe no diário que eram como se uma personagem viesse ao meu encontro: a vocação extraordinária de escritora, que marca a autora do diário — vocação que, apesar de todos os percalços e das maiores dificuldades, teria de se impor — e a posição de uma mulher só diante do mundo e sua maravilhosa dedicação aos filhos. Foram essas as razões que me levaram a desejar transpor para o palco *Quarto de despejo.*

Tive de Carolina a autorização para fazer essa transposição de forma livre, seria essencial para o bom desenvolvimento da obra teatral. Segui com grande fidelidade o original, mantendo falas e citações do livro, o que Carolina reconheceu em seu manuscrito sobre a peça. No texto original, além dos negros, existem na favela nordestinos e ciganos, que também estão em cena. Carolina Maria de Jesus não só confiou em mim quando cedeu o direito de transformar *Quarto de despejo* em peça de teatro como me proporcionou total liberdade e grande compreensão, o que merece ser ressaltado uma vez que se trata de obra biográfica, em que a própria Carolina é apresentada como personagem principal da peça.

Edy Lima

Autora de mais de cinquenta obras de literatura, também reconhecida por centrar em sua produção a situação da mulher na sociedade.

CAROLINA MARIA DE JESUS SOBRE A ADAPTAÇÃO PARA O TEATRO

Fui ver o ensaio da peça, Quarto de Despejo. Fiquei emocionada. Revendo a cópia fiel, de minha vida, na favela. As brigas constantes no meu barracão. Considero a favela, a sucursal do inferno com suas cenas degradantes. A peça no palco, retrata com fidelidade, as ocorrências da favela do Canindé. A Ruth de Souza, está magnífica no papel de Carolina Maria de Jesus. Ela representa o pavor que eu sentia, quando residia naquele núcleo degradante.

A cena com o Cigano, está real.

A cena digna, de louvor, quando vou ao Juizado de Menores retirar o dinheiro que o pai de Vera dá todos os meses, e não encontro. E a Ruth revela com voz amargurada – Ele é rico... e me dá só 250,00 por mês. E a menina que representa a Vera azucrinando os seus ouvidos: Eu quero sapatos! Eu quero sapatos. Os meus filhos foram ver os ensaios identificaram as cenas. Quando o João foi ao Juiz. – A peça é cômica, dramática e chocante. E vai agradar o público culto de São Paulo.

Felicito a dramaturga Edy Lima pelo seu trabalho conservando a fidelidade do livro.

Carolina Maria de Jesus

Fui ver o ensaio da peça, Quarto de
despejo. Fiquei emôcianada. Revendo
a copia fiel, de minha vida; na favela
dos brigas constantes no meu barracão
Considero a favela, a sucursal do
inferno com suás cênas degradantes.
A peça no palco, retrata com fidelidade, as ocôrrências da favela do Canindé. A Ruth de souza, esta magnifi-
ca no papel de Carolina Maria de
Jesus — Ela representa o papel
que eu sentia, quando residia
naquêle nucleo degradante
A Cêna com o cigano, esta real
A Cêna digna, de louvor, quando
vou ao juizado de menores retirar
o dinheiro que o pae da Vera dá.
todas os mêses, e não encontro. E a
Ruth revela em voz amargurada
— Ele é rico... e me dá só 250.00 por
mês E a menina que representa a
Vera azucrinando os meus ouvidos
Eu quero sapatos! Eu quero sapatos
os meus filhos fôram ver os ensaios
identificaram as cênas. Quando o
João foi ao juiz — A peça e comica
dramatica e chocante. E vae agradar
o publico culto de são paulo,
Felicito a dramaturga Edy Lima
pelo seu trabalho conservando a
fidelidade do livro
Carolina Maria de Jesus

Manuscritos gentilmente cedidos por Edy Lima.

Este livro é dedicado à memória de
Carolina Maria de Jesus e de minha
comadre, a atriz Ruth de Souza.

QUARTO DE DESPEJO *Drama em 3 atos*

PERSONAGENS PRINCIPAIS

Núcleo da família da Carolina

CAROLINA Maria de Jesus

JOÃO, filho mais velho de Carolina

JOSÉ CARLOS, filho do meio de Carolina

VERA, filha caçula de Carolina

Núcleo da favela do Canindé

ADAUTO, marido de Lina e padrinho de Nelson

AGRIPINO

AMÉLIA

CIGANO

FIRMINA

HONÓRIO, encarregado da água e da luz

JANDIRA

JOANA

LELECO

LINA, esposa de Adauto

MÃE DE ZITA, mineira recém-chegada à favela do Canindé

NECO

NEGRÃO

NEIDE

NELSON, filho de Joana

PERNAMBUCANO

SHIRLEY

ZEFA

ZITA, moça recém-chegada à favela do Canindé

Núcleo do ferro-velho

JOAQUIM, trabalhador do ferro-velho

MANOEL, irmão de Joaquim

Cenário

Favela. Os casebres se estendem em linha oblíqua, sendo o primeiro à direita (o de Carolina) aberto para cena; na frente deste há um minúsculo quintal. Os demais casebres têm portas e janelas que abrem. Entre eles há espaços que dão passagem para entrada e saída de personagens. O último barraco ao fundo é o de Leila. Ao lado esquerdo, em linha imaginária se estende o rio. Como é óbvio, o lado esquerdo é vazio e, portanto, aí terão lugar todas as cenas que decorram fora da favela.

O barraco de Carolina tem porta e janela que abrem para o terreiro central da favela. Tem porta ao fundo que comunica com o quarto. Na sala aberta para cena há como mobiliário: cama, mesa, prateleira com livros, utensílios de cozinha, fogão.

PRIMEIRO ATO

Primeira cena

Vozes antes de abrir o pano. Gritos de mulher apanhando.

VOZ 1 O Adauto e a Lina estão brigando outra vez.

VOZ 2 Ela tá nua.

VOZ 3 Carolina, chama a radiopatrulha.

CAROLINA Já chamei, está chegando.

ADAUTO Ela é minha mulher, bato quanto quiser.

VOZ 1 Deixa que ele bata, são casado que se entendam.

VOZ 2 Ele mata ela.

VOZ 1 Pouco se perde.

ADAUTO Biscata, vagabunda!

VOZ 1 Ela é mãe de criança nova.

VOZ 2 Tá chegando a radiopatrulha.

VOZ 3 Põe um casaco por cima dela.

Abre pano. Bolo de gente, homens, mulheres, crianças, dois guardas da radiopatrulha: um segura Adauto, outro segura Lina envolta no casaco.

ADAUTO *(Para Carolina)* Você me paga, Carolina! Deixa eu voltar e você vai ver!

GUARDA Vocês não deixam a radiopatrulha em paz.

GUARDA 2 Favela é de morte.

Saem os guardas e o casal.

Acusações em torno de Carolina.

AMÉLIA Para chamar a radiopatrulha você está sempre pronta.

CAROLINA Se guardasse o dinheiro que gastei telefonando para a polícia, dava para comprar um quilo de carne.

PERNAMBUCANO Nega metida.

Carolina tenta afastar-se em direção ao seu barraco.

AMÉLIA Pensa que é melhor que os outros.

AGRIPINO Deixem ela.

CAROLINA Quero escrever o livro e vocês com estas cenas desagradáveis me fornece os argumentos.

AMÉLIA A única coisa que você sabe fazer é catar papel.

CAROLINA Cato papel. Estou provando como vivo.

AMÉLIA Você é uma vagabunda. Dormia no Albergue Noturno. O seu fim era acabar na favela.

CAROLINA Está certo. Quem dorme no Albergue Noturno são os indigente. E você? Por que sua vida rodou igual a minha?

Risadas.

Amélia dá uma rabanada e volta as costas, saindo.

Crianças, no primeiro plano, comentam a briga.

NELSON A Lina saiu nua quando o Adauto estava lhe batendo.

MIRTES Eu não vi.

NELSON Ah! Que pena!

LELECO E que jeito é mulher nua?

Um menino cochicha no ouvido do outro e todos riem.

O povo foi esparramando.

JOANA Carolina, eu não tô contra você.

CAROLINA Eu sei, Joana, você é boa igual ao pão.

JOANA O Adauto é padrinho do meu Nelson, vou trazer a filha deles pro meu barraco enquanto os pais estão na radiopatrulha.

CAROLINA Eles brigam sem saber por que estão brigando. O que eu lamento é as minhas horas de sono perdida.

Fora de cena, cantiga nordestina em coro.

JOANA Tá bem servida, Carolina, os nortistas retomaram a cantoria outra vez.

CAROLINA São da leva que chegou. Eles pensam que no Sul é diferente e acabam na favela.

JOANA Vou buscar a menina. Tenho dó do bichinho abandonado.

CAROLINA Tenho dó de todas estas crianças que vivem no quarto de despejo mais imundo que há na Terra.

Segunda cena

Cantoria dolente continua fora de cena.

Joana sai de cena.

Carolina entra no seu barraco, o primeiro à direita, aberto para cena.

João, filho mais velho de Carolina, colado à parede da direita, ajoelhado na cama, espia para fora.

Carolina aproxima-se, espia junto e dá um safanão afastando o filho.

JOÃO Mãe.

CAROLINA Reprovo de tu espie as cenas amorosas e essas pouca-vergonha.

JOÃO Mãe, acordei com a briga do Adauto com a Lina...

CAROLINA João, você não tem culpa de viver na favela e estar exposto a estas impropriedades.

JOÃO Mãe, tô com fome.

CAROLINA *(Vasculha dentro de uma panela)* Tem um resto de fubá.

JOÃO Sempre fubá.

CAROLINA É o que sobra pros pobres. Até o arroz e o feijão nos abandonaram e o preço ficou proibitivo.

JOÃO *(Come)* A radiopatrulha levou eles?

CAROLINA É o álcool, meu filho, de mistura com a miséria.

JOÃO Mamãe, quando eu crescer, eu não vou beber. O homem que bebe não compra roupas, não tem rádio, não faz casa de tijolo.

CAROLINA Teu pensar é bom, meu filho. *(Pega o caderno, o tinteiro e a caneta do armário e começa a escrever na outra beira da mesa)*

JOÃO Você não vai mais dormir?

CAROLINA Eu quero escrever o meu livro, contar pra cidade toda o que se passa no quarto de despejo.

JOÃO Eu também não tenho sono.

CAROLINA Você é criança, precisa as força que o sono dá, vai deitar.

Terceira cena

João acomoda-se na enxerga no mesmo ambiente e cobre a cabeça.

Joana atravessa a cena com um bebê de colo e entra no seu barraco, o último da linha transversal de barracos. Fica, portanto, ao fundo do palco.

Carolina continua escrevendo.

No terreiro central entram correndo três rapazes de 15 a 18 anos pelo caminho do fundo que conduz à cidade. Um deles fica para trás e espia.

CRICA *(Da retaguarda)* Perdeu a pista.

MARZINHO Deixa ver a carteira.

FUIM *(Abre a carteira e tira o maço de dinheiro)* Quase só papelada de documento. Dinheiro que é bom é pouco.

CRICA *(Aproximando-se)* Quando um tipo se vê cercado e a gente de navalha perde logo a valentia.

MARZINHO O relógio dele até que me assenta bem.

CRICA *(Para Rapaz 1)* Divide o dinheiro, meu chapa.

MARZINHO O relógio vai ficar para meu uso.

FUIM *(Entregando parte do dinheiro ao Rapaz 1)* Bater carteira já foi negócio. Esses tipo andam mais pelados do que nós.

Risadas.

CRICA Precisamos ir bolando o assalto do empório.

Passam Shirley e Neide.

MARZINHO Essa foi o pai que pôs ela na vida.

FUIM *(Rindo)* Prometeu 100 cruza pra ela comprar um par de sapato e só deu 50.

MARZINHO *(Gargalhada)*

FUIM Vou jogar os documentos do homem no rio.

Quarta cena

Afasta-se em direção à esquerda onde o rio, marcação imaginária, corre em linha transversal paralela à linha de casebres.

Começa a clarear o dia.

Os rapazes saem de cena.

Carolina fecha o tinteiro, guarda seus objetos de escrita, pega a lata d'água e sai. Caminha em direção à saída larga do fundo.

Corte de luz.

Todas as cenas que não tenham lugar no cenário da favela vão se desenrolar no lado esquerdo, seja em ambiente neutro criado por luz ou em cenário realista, neste último caso necessitando de palco giratório para facilitar as mudanças rápidas.

Bica d'água. Fila de mulheres com latas. Honório encarregado da água permanece junto à bica.

Os figurantes nas diversas cenas desenroladas na favela ou com gente da favela serão os mesmos (60% de brancos e 40% de negros).

LINA Você passou na minha frente.

JANDIRA Não passei!

Carolina entra pela esquerda.

HONÓRIO Você aí, Carolina, trouxe os 25 cruzeiros que está me devendo?

CAROLINA Devendo coisa nenhuma.

HONÓRIO Aqui só tira água quem paga e você ainda não pagou.

CAROLINA Estou por conhecer homem mais mesquinho que tu, Honório.

HONÓRIO O encarregado da água sou eu, não sou? Pois quero o dinheiro.

CAROLINA Já que você é o encarregado, por que não limpou essas bostas que estão em volta da bica?

Risadas.

JOANA Põe ele no livro, Carolina.

CAROLINA Escuta, Honório, eu não tenho o dinheiro da água. Amanhã eu pago.

HONÓRIO Pois se não pode pagar vai esmolar água nas casa de alvenaria. Vocês não eram toda chegada com a d. Ida?

FIRMINA Aquela jararaca negou água pra eu fazer a mamadeira do meu filho.

MULHER A d. Ida diz que devia vir uma enchente e afogar todos os favelados.

LINA A praga vai pegar na raça dela.

AMÉLIA Os vizinhos de alvenaria diz que a favela desmoraliza o bairro.

Enquanto falam, a fila vai andando.

CAROLINA Ninguém gosta de favela, nem nós, a gente vive aqui porque não tem para onde ir.

ZEFA Se eu fosse moça não ficava nesta favela nem um dia. Mas sou velha. E velha não se governa.

Carolina põe a lata na bica.

HONÓRIO Se quer encher a lata, passa o dinheiro.

CAROLINA *(Tira o dinheiro do seio, maçaroca)* Toma 10 cruzeiros. É só o que tenho. O resto dou amanhã.

HONÓRIO E vê se depois não fica falando que eu não presto.

CAROLINA Que é que há com esta bica, é um fiozinho d'água.

JANDIRA É a Rosa que seca a bica. Quer lavar roupa em casa como gente, bem.

JOANA Medo da água do rio que o Serviço Social diz que tem doença de caramujo.

CAROLINA Eles vieram revelar o que nós não sabia, mas não deram solução.

JOANA Falaram pra construir mictório.

LINA Só dando risada.

JOANA Você fez o exame para saber se está com a doença, Carolina?

CAROLINA Eles vão dar os remédios de graça? Não. Então o que adianta eu saber se tenho a doença? *(Pega a lata e sai)*

Quinta cena

Corte de luz.

Cenário da favela.

Carolina entra com a lata d'água pelo fundo do palco, por onde saiu. Lá, há uma família sentada no chão com ar muito abatido: uma mulher, a filha mocinha e uns meninos.

CAROLINA Vocês são novo aqui?

MÃE DE ZITA Eu sempre ouvi falar em favela, mas não pensava que era tão asqueroso assim.

CAROLINA Chegou com os nortistas?

MÃE DE ZITA Sou de Minas. Tenho muito nojo disto aqui.

ZITA Mãe, não fala assim que ofende.

CAROLINA Ofende não. A pobreza é triste e feia.

MÃE DE ZITA Só mesmo Deus para ter dó de nós!

Enquanto falam, mulheres com latas d'água cruzam o palco.

CAROLINA Não desanime, ainda outro dia li uma notícia de que Deus vai consertar o mundo.

MÃE DE ZITA Quando vai ser isso?

CAROLINA Acho que pra que o mundo ainda tenha conserto não pode demorar muito.

MÃE DE ZITA Que bom! E eu que já queria me suicidar.

CAROLINA Tome ânimo e paciência para esperar.

MÃE DE ZITA Mas será que é certa essa notícia?

CAROLINA Claro que é certo. *(Afasta-se em direção ao seu barraco)*

MÃE DE ZITA Ah! Então eu vou esperar.

ZITA Eu não acredito nessas coisas.

MÃE DE ZITA Cala a boca, malcriada!

Sempre há movimentação de gente que passa pelo terreiro.

JANDIRA *(Bate na janela de um barraco)* Firmina, você roubou minha bacia.

FIRMINA *(De dentro do barraco)* Você nunca teve bacia.

JANDIRA Minha bacia de lavar roupa. Deixa eu entrar que descubro ela no teu barraco. *(Entra)*

Enquanto elas falavam, Carolina entrou no seu barraco com a lata d'água. Começa a fazer café.

Sexta cena

VERA Mamãe, é hoje que eu faço anos?

CAROLINA É. E meus parabéns. Desejo-te felicidades.

VERA Eu vou ganhar sapatos?

CAROLINA Não sei... Se eu arranjar dinheiro.

VERA Eu não gosto de andar sem sapatos.

CAROLINA João, leva estes litros vazios e troca por pão com o Chico.

JOÃO Ele não vai querer.

CAROLINA Não tenho dinheiro.

João sai carregando alguns vasilhames de refrigerante vazios.

Sétima cena

Jandira sai da casa de Firmina carregando uma bacia velha e amassada.

FIRMINA *(Na janela)* Desculpe, eu não sabia que sua bacia estava aqui.

JANDIRA Não sabia?

FIRMINA Tome esta garrafa de pinga pra que me desculpe.

JANDIRA *(Pegando a pinga)* Como você é boa! Quando precisar da bacia pode dispor.

Oitava cena

Dentro do barraco de Carolina ela serve café para os filhos.

JOSÉ CARLOS Não faz mal que não tenha pão, mamãe. Quando eu crescer eu compro uma casa de tijolos para você.

Corte de luz.

Nona cena

À esquerda, homem catando papel na rua.

Carolina entra pela esquerda trazendo o saco de catar papel.

Homem esgueira-se.

CAROLINA Veio cedo hein, colega?

CATADOR DE PAPEL Falou comigo?

CAROLINA Pensa que não tenho percebido que ultimamente anda catando papel na minha zona?

CATADOR DE PAPEL Sua zona?

CAROLINA Tenho raiva, não. Também sou pobre, sei o que é precisão.

CATADOR DE PAPEL Porcaria de papel! Já não posso trabalhar. Estou com o pulmão arrebentado.

CAROLINA Por que não se interna?

CATADOR DE PAPEL Não tenho onde.

CAROLINA Pobreza é ruim, com doença é pior.

CATADOR DE PAPEL Não tenho mais aspiração. Sabe onde estou dormindo? Debaixo das pontes. Eu estou doido. Eu quero morrer.

CAROLINA Quantos anos tem?

CATADOR DE PAPEL 24. Mas já enjoei da vida.

CAROLINA Hoje em dia quem suporta a vida até o fim deve ser considerado um herói.

Décima cena

Corte.

Cena no depósito de papel.

MULHER DO DEPÓSITO Eh! Nega fedida.

CAROLINA Eu carrego peso. O corpo humano não presta.

MULHER DO DEPÓSITO Onde você vai?

CAROLINA No mictório.

MULHER DO DEPÓSITO Aqui, não. Toma o dinheiro do papel e cai fora.

CAROLINA *(Pega o dinheiro)* Só isso?

MULHER DO DEPÓSITO Pelo que você trouxe é demais.

Décima primeira cena

Corte.

Carolina na rua estonteada de fome.

HOMEM QUE PASSA Isso é fome!

CAROLINA Está tudo amarelo. Eu vou cair.

MENDIGO Você precisa tomar uma média.

CAROLINA O dinheiro do papel é para a comida dos meus filhos.

HOMEM QUE PASSA Toma para o café.

Décima segunda cena

Corte.

Carolina no café.

GARÇOM Não pode mendigar aqui dentro.

CAROLINA *(Estonteada)* Quero uma média.

GARÇOM *(Serve com má vontade)* Ligeiro com isso.

CAROLINA *(Bebe o café)* Começo a ver claro outra vez. O corpo precisa de comida como o motor precisa de gasolina.

Décima terceira cena

Feira — mulheres que passam com carrinhos de feira. Vendedores fazem pregão.

Carolina entra e junta as verduras do chão.

FEIRANTE *(Para Carolina)* Chegou a freguesia do Bastião.

CAROLINA *(Continua catando)* Os meus filhos precisa comer salada.

DONA DE CASA 1 *(Para Carolina)* Passa lá em casa que dou uns jornais velhos pra você.

CAROLINA Onde é a sua casa?

DONA DE CASA 1 O prédio da esquina. No quarto andar.

CAROLINA Muito obrigada.

DONA DE CASA 1 Vá depois da feira, quando eu já tiver voltado para casa. *(Afasta-se)*

DONA DE CASA 2 *(Para Carolina)* Você quer jogar para mim um cachorro morto?

CAROLINA Sim, senhora. Onde está o cachorro?

DONA DE CASA 2 Venha comigo que vou lhe dar 5 cruzeiros pelo serviço.

Carolina caminha rápido.

DONA DE CASA 2 Você caminha em passo de paulista, vou lhe dar 6 cruzeiros.

Décima quarta cena

Corte.

Elevador.

CAROLINA *(Com jornais)* A gente diz que não tem medo de nada, mas elevador me mete medo. Eu devia ter vindo pela escada.

INQUILINO DO PRÉDIO Que você está fazendo no elevador?

CAROLINA Vim buscar estes jornais que me deram.

INQUILINO DO PRÉDIO Este prédio não presta. Não tem elevador de serviço.

Décima quinta cena

Corte.

Frente da fábrica de bolachas.

Fila de mulheres.

ZEFA Fui no Frigorífico e só ganhei este osso pelado. Eu gosto tanto de carne!

MARIA Dizem que noutros tempos davam linguiça e agora só ossos.

ALTINA Os pobres querem ganhar e os ricos não querem dar.

SEBASTIANA Na fábrica de massa de tomate os caminhões esmagam os tomates que caem no chão e eles não deixam a gente juntar.

HOMEM DA FÁBRICA Podem ir andando. Não vamos mais fazer distribuição de bolachas.

Protestos da fila que não se dissolve. As mulheres continuam firmes.

HOMEM DA FÁBRICA Não estamos mais em condições de fazer distribuição de esmolas. A farinha de trigo subiu muito. *(Sai)*

CAROLINA Eles não dão bolacha, dão os pedaços quebrados que não podem vender.

Gerente, acompanhado de um freguês, passa pela fila para poder entrar na fábrica.

GERENTE O senhor desculpe o aspecto hediondo que este povo dá na porta da fábrica. Mas, para infelicidade minha, aos sábados é este inferno. *(Entram na fábrica)*

ALTINA Eles reclamam da pobreza da gente como se nós gostasse de andar suja e maltrapilha.

CAROLINA Acho que vou passar a usar um cartaz: "SE ESTOU SUJA É PORQUE NÃO TENHO SABÃO".

HOMEM DA FÁBRICA *(Saindo outra vez)* O gerente ordenou que hoje ainda se faça a distribuição, mas ficam avisadas, é a última vez. *(Vai distribuindo e a fila vai andando)* Quem já ganhou vai embora.

Carolina começa a catar lenhas que há pelo chão.

HOMEM DA FÁBRICA Larga essa lenha aí.

CAROLINA Largo não.

HOMEM DA FÁBRICA Larga senão te bato.

CAROLINA Bate que não tenho medo.

Carolina continua catando a lenha e o homem, furioso, continua a distribuição de bolacha.

ESPANHOLA Este non é de mi tierra. Isto é português.

PORTUGUESA Esta besta não é de Portugal.

CAROLINA Graças a Deus, ele não é brasileiro!

HOMEM DA FÁBRICA Larga essa lenha, maloqueira!

CAROLINA Por eu ser de maloca é que você não deve mexer comigo. Eu estou habituada a tudo. A roubar, a brigar, a beber. Eu passo 15 dias em casa e 15 na cadeia. Já fui sentenciada em Santos.

HOMEM DA FÁBRICA *(Avança para agredi-la)* Já te mostro.

CAROLINA Eu sou da favela do Canindé. Sei cortar de lâmina e navalha e estou aprendendo a manejar a peixeira. Um nortista está me dando aulas. Se vai me bater, pode vir. *(Começa a apalpar os bolsos como se procurasse navalha)*

Homem da fábrica de bolachas fica parado, não avança nem recua.

CAROLINA Onde será que está minha navalha? Hoje o senhor fica só com uma orelha.

Homem da fábrica de bolachas começa a recuar.

CAROLINA Quando eu bebo umas pinga fico meio louca. Na favela é assim, tudo que aparece por lá nós batemos, roubamos o dinheiro e tudo que tiver no bolso.

Homem da fábrica de bolachas recua cada vez mais rápido e termina saindo correndo.

As mulheres que tinham ficado apreciando a briga riem.

ZEFA Você é valente, hein!

CAROLINA Quando alguém nos insulta é só falar que é da favela e pronto. Somos temido. Eu desafiei o homem porque sabia que ele não vinha. Não gosto de briga.

Décima sexta cena

Corte.

Depósito de ferros velhos. Joaquim e o irmão, Manoel, em cena.

JOAQUIM Bons olhos a vejam, Carolina. Andava desaparecida.

CAROLINA Desaparecida andam os metais e as latarias. Se eu não aparecia é porque não tinha o que vender.

JOAQUIM *(Pegando o fardo)* Muita coisa traz aqui. Está pesado. *(Leva o fardo para fora de cena)*

Carolina senta no chão para descansar.

MANOEL O Joaquim fala muito em você.

CAROLINA Fala? E o que é que ele diz?

MANOEL Fala bem.

CAROLINA Vocês são irmãos e um não vai contar sujeira do outro, não é mesmo?

MANOEL Tanto prova que ele fala bem que resolvi propor um negócio a você.

CAROLINA Negócio é coisa de gente rica.

MANOEL O que diz de criarmos um porco a meias?

Joaquim volta e entrega o saco vazio para Carolina e o dinheiro.

CAROLINA Você não errou na conta?

JOAQUIM Não. Por quê?

CAROLINA O saco de latas não pesava tanto assim para eu ganhar este dinheiro.

MANOEL Você aceita o negócio?

CAROLINA Você tem o porco para eu criar?

MANOEL Vou buscar já. *(Sai)*

JOAQUIM Você não precisa morar na favela, Carolina.

CAROLINA Um dia vou sair de lá.

JOAQUIM Nós dois somos solteiros...

CAROLINA Nós já nos conhecemos bem demais para você vir com essa conversa.

JOAQUIM Eu quero casar com você, Carolina.

CAROLINA Mas eu não quero.

JOAQUIM Já não gosta de mim?

CAROLINA Nunca assumi compromisso contigo.

JOAQUIM É uma proposta.

CAROLINA Um homem não há de gostar de uma mulher que não pode passar sem ler. E que levanta de noite para escrever. E que deita com lápis e papel debaixo do travesseiro. Por isso é que eu prefiro viver só para meu ideal.

JOAQUIM Hoje de noite vou te visitar.

Quando Carolina vai responder, João entra com um saco de latas.

CAROLINA *(Para João)* Que anda fazendo aqui?

JOÃO Vim vender estas latas que juntei.

JOAQUIM Deixa ver a mercadoria, menino. *(Sai com o saco)*

Manoel entra com um porquinho embaixo do braço.

MANOEL Você leva e cria o bichinho. Quando for para matar, você me chama e a gente divide.

CAROLINA Receio somente porque na favela há muito roubo.

JOÃO Aceita, mãe.

JOAQUIM *(Voltando e entregando o dinheiro a João)* Acho que é bom negócio, Carolina.

JOÃO *(Com o dinheiro na mão)* Ganhei 10 cruzeiros, descontando a condução fico com 4.

CAROLINA *(Pegando o porquinho)* Ao menos uma vez na vida quero comer carne com fartura.

JOÃO Tô juntando dinheiro para uma entrada de cinema.

CAROLINA Manoel você me empresta o carrinho de mão para eu carregar uns móveis velhos que ganhei?

Décima sétima cena

Corte.

Carolina e João tentam colocar um armário e um colchão dentro do carrinho, fazem força e não conseguem, os objetos sempre escorregam e caem.

JOÃO Maldita hora em que vim buscar este guarda-roupa!

CAROLINA Não seja mal-agradecido.

JOÃO Gosto de d. Julita mas não tenho força pra lutar com este armário.

CAROLINA Agora vai. *(O carrinho desliza e o armário tomba)*

Homens olham, mas ninguém se oferece para ajudar.

JOÃO Essa gente olhando me deixa nervoso.

CAROLINA Para dar um ajutório ninguém presta.

Põe o colchão dentro do guarda-roupa, tudo vem abaixo.

JOÃO Piorou. Se você tivesse marido, ele carregava estes móveis pra você.

CAROLINA Eu tenho vencido tantas coisas sozinha, hei de vencer isto aqui.

HOMEM DA RUA Deixa que eu ajeito para a senhora.

Carolina assusta-se com a voz do estranho.

HOMEM DA RUA *(Retira o colchão de dentro do armário e o coloca no fundo do carrinho, acomodando o armário por cima; amarra tudo com a corda)* Agora não vai escorregar mais.

CAROLINA Ficou firme.

JOÃO Graças ao homem.

CAROLINA *(Para o homem)* Muito obrigada, no dia em que estiver limpa lhe darei um abraço.

HOMEM DA RUA Pena você ser preta.

CAROLINA Acha? Pois eu adoro a minha pele escura e o meu cabelo rústico. Eu até acho o cabelo do negro mais educado do que o cabelo de branco. Porque o cabelo do preto onde põe, fica. É obediente. E o cabelo do branco, é só dar um movimento na cabeça ele já sai do lugar. É indisciplinado.

Décima oitava cena

Corte.

Favela.

Gente amontoada à esquerda olhando para o rio.

Carolina entra pelo fundo.

JANDIRA É uma criança morrendo afogada!

CAROLINA *(Corre para a beira do rio)* Se for criança, eu vou salvar nem que eu tenha que atravessar este rio.

Falas entre a multidão.

FIRMINA Dá o leitão que eu tomo conta.

NECO Carolina tá ficando rica, comprou leitãozinho.

LELECO Dá pra mim comer ele assado.

CAROLINA Criança, hein? Corja de mentirosas! Um cachorro morto. *(Atravessa o pátio em direção ao seu barraco, cruza com o menino Leleco, corta um pedaço do pão que carrega e dá para ele)*

LELECO Eu queria ser teu filho.

CAROLINA Se você fosse meu filho, você era preto. Sendo filho da Rosalina, você é branco.

LELECO Mas se eu fosse teu filho eu não passava fome. A mamãe ganha pão duro e obriga a gente a comer o pão duro até acabar.

Zita, a mocinha da família recém-chegada, assiste à cena e quando Carolina dá o pedaço de pão para o menino ela se põe a chorar.

CAROLINA *(Entra no barraco e torna a sair, pois não encontrou os filhos)* Vera! José Carlos! Vera! *(Pergunta para uma mulher)* Não viu meus filhos?

SHIRLEY Eu sou pajem deles por acaso?

JOÃO Lá vem eles.

Vera e José Carlos entram pelo fundo, vêm correndo.

CAROLINA Onde vocês foram?

VERA Pedir esmolas.

José Carlos traz um cachorrinho no colo.

CAROLINA *(Para José Carlos)* Você devia era fazer suas lições.

VERA Nós tava com fome.

CAROLINA *(Para José Carlos)* E isso aí o que é?

JOSÉ CARLOS Um cachorro, mãe.

CAROLINA Que é um cachorro estou vendo. Quero saber de quem é.

VERA Deram pra ele.

CAROLINA *(Para José Carlos)* Já não te expliquei que não temos posse para sustentar um cachorro? Falta até pra nós!

JOSÉ CARLOS Eu gosto tanto de cachorro...

CAROLINA Vá devolver.

JOSÉ CARLOS Eu não tenho nada, nem um brinquedo, eu queria o cachorro...

CAROLINA Não é possível, meu filho. Vai devolver.

José Carlos sai por onde veio, tristíssimo.

Zita agarra-se em Carolina e se põe a chorar novamente.

CAROLINA Por que está chorando? *(Encaminha-se para o seu barraco)*

ZITA A senhora hoje de manhã falou pra mãe que Deus vai consertar o mundo e até agora Ele não fez nada. *(Entra no barraco, seguindo Carolina)*

João e Vera desembrulham os pacotes de comestíveis e comem.

VERA Mamãe, você trouxe meu presente de aniversário?

Carolina desembrulha e mostra um par de sapatinhos usados. Vera pula de satisfação.

VERA Estou contente contigo e não vou mais comprar uma mãe branca. *(Experimenta os sapatos)* A sola tá furada. *(Mostra o buraco na sola)*

CAROLINA A gente forra por dentro com papelão.

ZITA Eu tenho tanto medo desta gente da favela, a senhora vai me ajudar a ir embora, não vai?

CAROLINA Não sei ajudar nem a mim mesma.

ZITA Fiquei todo o tempo lhe esperando. Desde que falou com nós hoje de manhã pus minhas esperanças no seu conselho.

VERA *(Andando com os sapatos)* Sapato velho é melhor que nada. Minha mãe não pode comprar outro e eu não gosto de andar descalça.

CAROLINA *(Para Zita)* Você é moça e sozinha, pode trabalhar de doméstica. Assim você sai daqui, te dão casa, comida e ordenado.

ZITA Eu não tenho documento. Sou de menor.

CAROLINA Tira carteira.

José Carlos entra triste e se põe a brincar com o porquinho.

ZITA A senhora me ajuda.

CAROLINA Tua mãe é quem tem que ir com você.

JOSÉ CARLOS Mamãe, onde é que você vai acomodar o porquinho?

CAROLINA João, vai procurar o Agripino e diz pra ele vir aqui. Quero que faça um chiqueiro para o porquinho.

Durante toda a conversa, Carolina guardou os gêneros que comprara e começou a fazer comida.

ZITA E se ela não quiser ir?

CAROLINA Diz que mandei dizer que Deus vai consertar o mundo, mas não é com urgência, por enquanto é melhor ir contando com a própria força.

Zita sai.

JOÃO A senhora não zanga se eu lhe disser uma coisa?

CAROLINA Que é?

JOÃO Não posso ir lá pros lado do barraco do Agripino.

JOSÉ CARLOS A d. Amélia diz que vai jogar água fervendo nele.

JOÃO Já jogou água fria, outra vez ela diz que vai ser quente.

CAROLINA Mulheres velhas brigando com crianças, por que foi que ela brigou?

JOÃO Não sei.

VERA Comida não demora a ficar pronta.

JOSÉ CARLOS Ela diz que vai mandar o João para o Juiz.

CAROLINA Que foi que houve?

JOÃO Eu não fiz nada. Ela que inventou.

CAROLINA O que é que ela inventou?

João chora.

JOSÉ CARLOS Eu vou chamar o Agripino. *(Sai)*

Vera espia pela porta quando o irmão sai, vê movimentação de gente entre a qual alguns homens bem-vestidos, um deles leva um menino elegante pela mão.

VERA Mãe, tão dando cartão.

Décima nona cena

Carolina sai rápido e chega até junto ao homem que leva o menino. O estranho dá-lhe um abraço extemporâneo, Carolina estranha o gesto e afasta-se, indaga a um dos favelados que rodeia o grupo.

CAROLINA Quem é esse? É candidato a deputado? *(Para os favelados que seguem o deputado)* Vocês ainda não aprenderam? Quando eles precisam de voto visitam a favela, prometem baixar o custo de vida, terminar com as favelas, dar casas decentes para todos. Depois nem se lembram da gente ou se lembram é para aumentar os preços.

CUPINCHA DO CANDIDATO *(Para os favelados)* Façam essa mulher calar a boca.

CANDIDATO A queixa dela é justa. Muitas vezes o povo foi enganado. Mas eu sou diferente. Votem em mim e eu terminarei com as favelas e baixarei os preços...

CAROLINA É o mesmo que todos prometem. Onde está a diferença?

FILHO DO CANDIDATO Papai, tenho medo dela.

CAROLINA *(Para o candidato)* Ele tem medo da pobreza, você também, mas precisa dos votos, não é mesmo?

MARZINHO Aquieta, Carolina, sou cabo eleitoral dele.

PERNAMBUCANO Deixa ela dizer as verdades.

FUIM Ele é nosso amigo e vai nos ajudar quando for eleito.

JANDIRA Essa não!

Comitiva do deputado afasta-se, gente da favela segue junto.

CAROLINA *(Irônica declama para os que se afastam)*
Político quando candidato
promete que dá aumento.
E o povo vê que de fato
aumenta o seu sofrimento.

Entra Agripino, seguido por José Carlos.

AGRIPINO Você ganhou um porco, Carolina?

CAROLINA É um leitãozinho e não precisa ficar de olho grande. Vou criar ele a meias. *(Entra no barraco)*

Vigésima cena

AGRIPINO *(Segue-a)* Você tem madeira para construir o chiqueiro?

CAROLINA *(Para Vera)* Onde está o João?

VERA Tá no quarto.

Carolina e Agripino saem para o terreninho do barraco que fica na boca do palco junto à parede aberta.

AGRIPINO Quando você matar ele...

CAROLINA Matar quem?

AGRIPINO O porco. Você me dá um pedaço?

CAROLINA Até lá tem tempo para se ver isso.

AGRIPINO *(Examina as madeiras que há no quintal)* Você sabe que tem havido muito roubo aqui na favela? Roubaram as roupas da d. Florela e 1000 cruzeiros da Paulina.

CAROLINA Donde que ela tinha tanto dinheiro?

AGRIPINO Até um rádio roubaram.

CAROLINA E você vai ficar de guarda aqui do porco para que não roubem ele?

AGRIPINO Não é bom, mas posso fazer um chiqueiro reforçado e além do mais calar a boca.

CAROLINA Na favela as notícias voam. A esta hora toda a gente já sabe que tô criando porco.

AGRIPINO A madeira não é muita e tá podre.

CAROLINA Eu dou um pedaço de carne pra você, mas dá jeito de arranjar a madeira que falta.

AGRIPINO É pra já. *(Sai)*

Vigésima primeira cena

Carolina pega o seu caderno e lápis e sai também indo sentar à esquerda em frente ao rio para escrever.

Já desde antes de Carolina acomodar-se ao ar livre, José Carlos e Vera estão jogando bola no terreiro grande. Nesse momento a bola cai dentro de um barraco. Sai de lá uma mulher atrás deles e ameaçando-os com um revólver.

CAROLINA Meu Deus! Se esta arma está carregada!

As crianças fogem e se refugiam no barraco de Carolina.

ALTINA *(Joga a bola no rio)* Acabou-se. Os peixes que joguem bola.

CAROLINA Criança precisa brincar.

ALTINA Você não sabe educar teus filhos.

CAROLINA Mas não tenho filho na cadeia, desclassificado como mau elemento como certa gente.

ALTINA Os meus estão lá não estão te incomodando. *(Entra no barraco de onde saiu e bate com a porta)*

Carolina torna a escrever.

A gente de sempre anda pelo terreiro e conversam uns com os outros.

FIRMINA *(Para outra que está acompanhada por um menino)* Como esse tá amarelo, ele tem lombriga?

SEBASTIANA O jeito é de quem tem.

FIRMINA Mulher, dá um pouco de cachaça pra ele. É um santo remédio.

Agripino volta com a madeira, entra no barraco de Carolina e passa para o quintal onde constrói o chiqueiro. As crianças em volta. Joana sai do seu barraco e vai até onde Carolina está sentada escrevendo.

JOANA *(Para Carolina)* Desculpa interromper.

CAROLINA Não faz mal. Na minha vida nunca há calma pra escrever.

JOANA A radiopatrulha ainda não soltou eles.

CAROLINA Não demora estão aí, brigando outra vez.

JOANA A menina deles tá chorando. É fome. Não tenho dinheiro pra comprar leite.

CAROLINA *(Entrega dinheiro a Joana)* Toma.

JOANA Não. Eu não tava pedindo. Sei que te faz falta.

CAROLINA A gente é pobre, sofre muito, precisa ajudar uns aos outros.

JOANA *(Pegando o dinheiro)* Vou comprar o leite e deixar você escrever. *(Afasta-se)*

Carolina volta a escrever.

NEGRÃO *(Saindo de um barraco fala para o lado de dentro)* Vou até o bar ver se alguém me oferece uma pinga, disfarça a fome.

MARIA *(Fala de dentro)* Comida ninguém oferece.

A gente de sempre se movimenta e fala.

Você viu os nortista que chegaram?

Será que toda noite vão cantar que nem ontem?

Todo dia chega gente nova na favela, não sei donde sai tanto povo necessitado.

Você viu os ciganos?

Chegou ciganos?

Isso é gente que não presta.

A sorte que ficam pouco.

Outro grupo.

A minha nora está em trabalho de parto faz três dias e não consegue hospital.

Por que não chama a radiopatrulha?

Já chamamo, mas não deu solução.

Zita e a mãe aproximam-se de Carolina.

ZITA D. Carolina!

CAROLINA *(Levantando a cabeça da escrita)* Hum!

ZITA A mãe quer falar com a senhora.

MÃE DE ZITA A senhora falou que é melhor se empregar de doméstica do que esperar que Deus conserte o mundo?

CAROLINA Bem, eu disse que se ela quisesse trabalhar sempre há por aí gente precisando de empregada.

ZITA Eu não quero passar fome.

MÃE DE ZITA *(Para a filha)* Cala a boca.

ZITA *(Para Carolina)* Diga que ela precisa ir comigo para eu tirar a carteira de menor.

CAROLINA Não gosto de aconselhar. Ela é mãe, sabe o que faz.

MÃE DE ZITA Acha que devo ir?

CAROLINA Quando eu era só, sem meus filhos, trabalhei de doméstica. Há patroas que não prestam e há outras que tratam bem a gente. Entre os ricos é que nem na favela, tem de tudo.

ZITA Eu quero experimentar.

MÃE DE ZITA E Deus? A senhora não falou que Ele vai consertar...

Ouvem-se sempre as marteladas de Agripino construindo o chiqueiro. Amélia atravessa a cena e investe contra Carolina.

AMÉLIA Você sempre chama a polícia para os outros, pois chegou a vez de chamar para o teu filho.

CAROLINA *(Levantando-se)* Que foi que meu filho fez?

ALTINA *(A que jogou fora a bola)* Se você soubesse educar os filhos, isso não acontecia.

Durante essa discussão, Zita e a mãe retiram-se um pouco amedrontadas.

CAROLINA Eu estava discutindo com a nota, já começou a chegar os trocos. Os centavos. Eu nunca xinguei filhos de ninguém, nunca fui na porta de vocês reclamar contra seus filhos. Não pensa que eles são santos. É que eu tolero crianças.

AMÉLIA Eu vou entregar teu filho para o juiz trancafiar ele no reformatório. Lá é que é lugar de tarado.

CAROLINA Vamos parar com isso. Diz logo o que o menino fez.

AMÉLIA Ainda finge que não sabe? Pois tá bem, digo bem alto para que todos escutem, para desmoralizar a escritora. O João fez porcaria com a Mirtes.

CAROLINA *(Como se o mundo caísse)* O João?!

AMÉLIA O teu filho não presta. Agarrou a minha menina e...

CAROLINA Não precisa dizer mais nada. Se ele fez uma coisa dessas, sou eu quem vai entregá-lo ao Juiz. *(Toma o rumo do seu barraco)*

Agripino terminou o chiqueiro e as crianças puseram o porquinho lá dentro.

Carolina entra quando Agripino vai sair, as mulheres seguem Carolina e ao verem Agripino há comentários.

O Agripino agora é visita da tua casa?
Não encontrou nada melhor do que o Agripino?

AMÉLIA Com o exemplo da mãe não é de admirar que o João esteja formado em porcaria.

CAROLINA Vocês é que ensinam as coisas pras crianças com suas cenas.

Agripino procura sair e esgueira-se para fora.

SHIRLEY *(Voz de falsete)* Agripino, vai comprar pinga e volta de noite.

AMÉLIA Agora você não precisa escrever a vida dos outros, pode escrever a do teu filho.

Carolina consegue fechar a porta, deixando as mulheres no lado de fora.

Vera e José Carlos brincam com o porquinho.

Vigésima segunda cena

CAROLINA João! *(Para os outros filhos)* Onde está o João?

JOSÉ CARLOS Acho que tá dormindo.

CAROLINA *(Na porta do quarto)* João!

João aparece estremunhado como quem acordou.

CAROLINA Que foi que você fez com a filha da Amélia?

JOÃO Nada.

CAROLINA Fala a verdade.

JOÃO Juro.

CAROLINA Por que ela te acusa?

JOÃO Ela não gosta de você.

CAROLINA Ela te disse que não gosta?

JOÃO Ela vive falando.

CAROLINA O quê?

JOÃO Diz que você despreza a favela, que vive escrevendo e pensa que é mais que os outros, mas que ela sabia como rebaixá-la.

CAROLINA E você deu motivo?

JOÃO Eu não dei.

CAROLINA Ela não inventou essa acusação.

JOÃO Inventou sim.

CAROLINA E se ela apresentar testemunhas?

JOÃO É tudo mentira. Eu apenas falei com a Mirtes. Nem toquei nela.

CAROLINA João, nós vamos na cidade.

JOÃO Mãe, não! Eu não quero que me entregue para o Juiz.

CAROLINA Nós vamos só falar. É melhor que a gente vá antes que ela dê queixa. *(Tira o dinheiro do seio e conta)* Com o gasto da condução vai sobrar só 2 cruzeiros.

JOÃO *(Tira o dinheiro do bolso)* Toma os 4 cruzeiros que eu ganhei, das latas.

CAROLINA *(Pega o dinheiro)* Dá para o pão amanhã de manhã.

(Chama para o quintalzinho) Vera! José Carlos! Vamos na cidade.

Saem do barraco e encontram Zita, que vem correndo.

ZITA D. Carolina, a mãe resolveu tirar carteira pra mim.

Vigésima terceira cena

Corta para cena no Juizado de Menores, Carolina e os filhos esperam em pé.

VERA Mamãe, tô com sono.

Carolina põe um casaco no chão e acomoda a filha.

CAROLINA *(Para o guarda)* Faz quase duas horas que estou aqui, será que ainda não chegou a minha vez?

GUARDA Atendem primeiro os que receberam intimação.

CAROLINA O senhor tem filhos?

GUARDA Tenho.

CAROLINA *(Mostra João)* Este aqui sofreu uma acusação. Quero tirar ele da rua, senão de agora em diante tudo que acontecer de malfeito vão dizer que foi ele.

GUARDA Se está pensando no reformatório, acho que está mal informada...

CAROLINA É verdade o que dizem?

GUARDA Estou aqui de serviço. Não posso falar certas coisas.

CAROLINA Quem é pobre fica sem ter para onde recorrer.

GUARDA Você mora na favela?

CAROLINA Não porque eu goste, mas não há outro lugar para morar.

GUARDA A favela não é ambiente para criar filho.

CAROLINA Eu sei.

GUARDA Criança criada em favela termina no mau caminho.

CAROLINA E as do reformatório também?

GUARDA Isso não cabe a mim dizer.

CAROLINA O senhor parece um homem bom.

GUARDA Digo o que vejo acontecer.

CAROLINA É pena que diga para mim que sou uma pobre maloqueira. Não posso resolver nem as minhas dificuldades. Devia dizer essas coisas para os seus chefes.

GUARDA Eles sabem.

CAROLINA E por que não dão uma solução?

GUARDA Não sei.

CAROLINA Acho que mudei de pensar, não quero mais falar com Juiz.

GUARDA Agora já não pode demorar muito.

CAROLINA Foi bom que ele demorou. Deu tempo para pensar. Acho que o caso não é de Juiz.

GUARDA A senhora é que sabe.

CAROLINA Mãe sempre sabe resolver pelo melhor. Vamos embora, crianças. Acorda, Vera.

VERA Tô com sono.

CAROLINA Vamos.

JOÃO Que mamãe boa que eu tenho!

Vigésima quarta cena

Corta para a favela.

Carolina e os filhos entram pelo fundo, o caminho da cidade, e logo se põem a correr ao verem o barraco de Carolina incendiando. Há gente em volta, burburinho.

JOSÉ CARLOS É a nossa casa.

CAROLINA Gente desalmada! Vamos, ajudem a apagar o fogo.

Joana corre com um balde d'água.

Carolina entra em outro barraco e traz uma lata d'água.

DONA DO BARRACO *(Querendo tomar a lata d'água de Carolina)* A minha água não, que não foi você quem carregou.

João entra no quintal e traz o porquinho nos braços.

HOMEM *(Rindo para João)* Devia ter deixado o bicho lá para comer leitão assado.

Alguns ajudam a apagar o fogo: Joana, Zita, Cigano; outros observam apenas e comentam:

Isso foi coisa do Adauto.

Ele voltou dizendo que ia se vingar dela ter chamado a radiopatrulha pra ele.

Nem em dia de São João se viu uma fogueira tão grande.

Conseguem debelar o fogo.

Acabou o fogo, terminou a festa.

CAROLINA *(Para os observadores)* Afastem diabos ruins! *(Senta no chão para descansar)*

VERA Mamãe, tô com medo.

JOANA Desgraça de pobre é sempre aos montes. *(Afasta-se para o seu barraco)*

MÃE DE ZITA *(Levando a filha aos empurrões)* Não te quero fora de casa de noite.

CIGANO *(Sai de dentro do barraco de Carolina)* Os estragos não são muitos. Amanhã ajudo a refazer a parede que queimou.

CAROLINA *(Encara Cigano, tocada pela figura e pela beleza do homem)* Não lhe conheço. É novo aqui?

CIGANO Sou dos ciganos.

CAROLINA Já ouvi falar do bando de ciganos.

CIGANO *(Mostrando as crianças)* São seus filhos?

CAROLINA Estes três aqui são.

CIGANO E seu marido?

CAROLINA Não tenho marido. Minha vida é confusa igual a um quebra-cabeça. O senhor é casado?

CIGANO Sou viúvo.

CAROLINA *(Junto à parede queimada)* A parede o fogo queimou. Como se fosse fácil fazer outra.

CIGANO Já disse que ajudo.

CAROLINA Aceito. Os pobres precisam se ajudar e não se hostilizar como fazem muitos aqui. *(Entra)*

CIGANO *(Segue-a e fala para João)* Pode pôr de novo o bichinho no chiqueiro. O fogo não chegou até lá.

As crianças levam o porquinho para o chiqueiro, depois voltam e examinam o barraco para ver os prejuízos.

CAROLINA *(Assim que entra, agarra-se ao diário)* Ainda bem que não queimou.

CIGANO Que papéis é esse?

CAROLINA O livro que estou escrevendo para contar à cidade as desgraças dos favelados.

CIGANO Eu gosto de verso.

CAROLINA Faço poesia.

CIGANO Eu também.

CAROLINA Eu senti que você era diferente dos demais. Donde você é?

CIGANO Nasci na Bahia. Tenho andado por este Brasil afora. Cigano não estabelece residência.

CAROLINA Nasci em Minas. Estou em São Paulo há muito tempo. Só nesta favela já decorreu oito anos.

CIGANO Você é capaz de prender meu coração e eu criar raiz neste São Paulo.

Crianças voltam do quarto.

JOÃO As cama tão tudo molhada com a água que jogaram.

CIGANO Vocês hoje vão dormir no meu barraco.

CAROLINA Pelas crianças eu aceito.

CIGANO E você?

CAROLINA Se arredar pé daqui são capaz de pôr fogo outra vez.

CIGANO Eu levo elas, depois volto. Essa gente pode tornar pra lhe agredir.

CAROLINA Eles que venham. Não tenho força física, mas minha língua fere mais que uma navalha e as feridas não cicatrizam.

CIGANO Você é quem sabe.

O Padre coloca a tela para passar cinema. Gente em redor no terreiro.

CAROLINA *(Para os filhos)* Vocês vão aqui com o moço, que ele toma conta de vocês.

VERA Eu não vou.

CAROLINA Aqui está tudo molhado, minha filha.

VERA Eu só quero ir para a casa da d. Julita, lá tem comida boa e sobremesa.

CIGANO Eu compro um doce pra você.

VERA Compra mesmo?

CIGANO Tô dizendo. *(Sai levando as crianças)*

Carolina senta para escrever.

Comentários da gente que vem para ver o cinema do Padre.

Olha o cinema do padre.

Deixa pra lá. Eu gosto é de filme de amor.

Este é de graça.

Melhor se o padre trouxesse comida.

Dá pão na igreja, é só ir buscar.

Ele pensa que filho de pobre vive só de pão.

JOSÉ CARLOS *(Para Cigano)* Eu fico para ver o cinema.

JOÃO Eu também fico.

VERA Eu quero doce.

CIGANO Dou doce pra todos.

JOÃO Eu gosto mais de cinema.

PADRE Este é um filme de Natal, do nascimento de Jesus até a visita dos Reis Magos.

Começa a projeção.

VERA No Natal a gente ganha presente.

CIGANO Vamos embora. *(Consegue tirar as crianças de cena)*

A projeção continua.

Joaquim entrara um pouco antes e voltara, rodeando a multidão que assiste ao cinema. Até alcançar o barracão de Carolina, esta manobra é feita de modo que ele não se cruze nem com Cigano nem com as crianças.

Joaquim fica estarrecido diante do estado do barraco de Carolina.

Vigésima quinta cena

JOAQUIM *(Chamando)* Carolina!

CAROLINA Quem é?

JOAQUIM Sou eu.

CAROLINA Eu quem?

JOAQUIM O Joaquim.

CAROLINA (*Aparecendo no rombo feito pelo fogo)* Que veio fazer aqui?

JOAQUIM Eu disse que vinha.

CAROLINA Pois perdeu a caminhada.

JOAQUIM Que foi que houve com sua casa?

CAROLINA Isto não é casa. É barraco. Puseram fogo.

JOAQUIM A maldade dessa gente não tem limite.

CAROLINA Pobre de tanto ser maltratado perde a bondade.

JOAQUIM Tu precisa sair daqui.

CAROLINA E vou sair, mas pelas minhas próprias forças.

Joaquim mexe na carteira para tirar dinheiro.

CAROLINA Guarde o seu dinheiro.

JOAQUIM Você é orgulhosa.

CAROLINA Já lhe disse: não quero mais saber de homens. Estou velha. Quero só os meus filhos.

JOAQUIM Que é que você vai fazer hoje de noite?

CAROLINA Vou passar a noite escrevendo.

JOAQUIM Não esqueça, sou seu amigo. Pode contar comigo.

CAROLINA É melhor você ir andando.

JOAQUIM *(Saindo)* Boa noite.

CAROLINA Boa noite.

O cineminha do Padre continua e já chegou aos Reis Magos; o Padre faz locução explicativa.

PADRE Vamos ver se alguém sabe quem são estes?

VOZ Os Reis Magos.

PADRE Muito bem. Vamos ver se alguém sabe como eles se chamavam.

Silêncio.

Joaquim atravessa a cena e sai.

PADRE Ninguém se lembra? Para ajudar eu digo o nome de um: Baltazar. E o outro como se chama?

VOZ Pelé.

Há uma ligeira confusão. O Padre interrompe a projeção.

Enrola a tela e prepara-se para sair. Esta ação é simultânea com a entrada de Cigano, que vem por entre os barracos e não pela entrada da cidade por onde saíra. Cigano entra no barraco de Carolina, esta continua escrevendo.

Cigano chega pelas costas e abraça-a.

CAROLINA Por que você voltou?

CIGANO Quando te vi me senti atraído.

Carolina deixa-se abraçar, beijo na boca.

CAROLINA Pensei que homem não me fazia mais conta.

CIGANO Eu sou o sapato que calça o teu pé. *(Abraça-a)*

FIM DO PRIMEIRO ATO

SEGUNDO ATO

PRIMEIRA CENA

Mesmo cenário. Favela. Chuva.

Carolina tenta arrumar o telhado para evitar que a água entre dentro de casa. João a ajuda. Estão sobre o telhado.

CAROLINA Não sei fazer estas coisas.

JOÃO Se você tivesse marido, ele consertava, mas você não quer casar.

CAROLINA Não casei e não estou descontente. Enfrento qualquer espécie de trabalho, mas tenho meus momentos de sossego. As casadas trabalham tanto quanto eu e ainda suportam os maus-tratos dos maridos.

JOÃO O Joaquim sempre prometia tirar você da favela.

CAROLINA Isso não é conversa para você. *(Espirra)*

JOÃO Tá resfriada?

CAROLINA Não ando me sentindo bem. É do mau tempo.

JOÃO *(Referindo-se ao telhado)* O papelão tá velho, não aguenta mais chuva.

CAROLINA Vamos descer daqui. Melhor que isto não fica.

Descem do telhado pelo chiqueiro do porco e entram no barraco pelo lado aberto que faz frente para o público.

JOSÉ CARLOS Mamãe, hoje eu não vou à escola.

CAROLINA Vai sim.

JOSÉ CARLOS Sem sapato fico com os pés enregelados.

CAROLINA Você precisa ir, é dia de exame.

JOÃO *(Espiando para fora)* A chuva tá amainando.

CAROLINA *(Servindo José Carlos)* Toma um gole de café. Pão não tem.

JOÃO Acho que vai vir sol.

CAROLINA Espero que venha antes que a gente morra de fome ou morra afogado.

Segunda cena

Gente corre no terreiro central.

O Pedrinho morreu afogado.

Quem?

O neto da d. Ida.

O rio transbordou.

Estão tirando o corpo.

A praga da avó virou contra o neto.

Foi d. Ida que disse que a enchente devia afogar os favelado.

Saem de cena como para irem ver a retirada do corpo do afogado.

Terceira cena

Joana sai do barraco de Leila e atravessa o palco em direção ao barraco de Carolina. Carolina abre a porta para os filhos saírem para a escola e vê Joana chorando.

CAROLINA O que foi que aconteceu, Joana? Por que você está chorando?

JOANA Vou embora para Carapicuíba, morar com d. Iracema.

CAROLINA Vai embora com esta chuva? Entre um pouco.

JOANA *(Entra)* Leila e o Arnaldo me expulsaram de casa.

CAROLINA Reage, Joana, o barraco é teu.

JOANA Foi desde a vez que foram na radiopatrulha e eu trouxe a criança deles para a minha companhia. Gostaram do arranjo. Alugaram o barraco deles pra gente nova que veio pra favela.

CAROLINA Você não devia ter admitido. *(Carolina lava as louças do café)*

JOANA Dormem na minha cama. Tenho que lavar a roupa

deles, fazer a comida, arranjar os mantimentos. Não aguento mais.

CAROLINA Reage, Joana.

JOANA Tenho medo. Ela é feiticeira, pode botar feitiço em mim.

CAROLINA Feitiço não existe.

JOANA Existe sim. Eu vi ela fazer. Melhor ir embora.

CAROLINA Os bons se vão e a favela fica cada vez pior.

Joana e Carolina se abraçam como despedida. Joana vai embora, Carolina escreve no diário.

Quarta cena

As pessoas que foram ver o afogado voltam comentando umas com as outras.

Agora ela viu na própria pele como é bom desejar a morte alheia.

O menino era inocente.

A praga da avó virou contra ele.

Os vizinho de alvenaria renegam dos favelado.

Pensam que favelado não é de carne e osso que nem eles.

Rapaz dá rasteira no outro e foge gritando.

RAPAZ 1 Tá com fome, come barro.

Risadas.

O que caiu levanta-se e sai correndo atrás do que o derrubou.

RAPAZ 2 Já vai ver o que te faço comer.

João atravessa a cena correndo com duas ou três latas de conserva nas mãos e entra em casa.

Quinta cena

CAROLINA Por que você não foi na escola?

JOÃO O caminhão do depósito despejou as lata de linguiça no lixo. Veja, mãe, temos comida.

CAROLINA *(Pegando uma lata)* Está estofada. Podre, meu filho, por isso jogaram fora. Os comerciante deixam que apodreça para não baixar os preço, depois jogam aqui perto dos pobre para aguçar nossa fome.

JOÃO Mãe, quando eu crescer...

CAROLINA Quando você crescer, espero que não haja mais favelas.

Entra Cigano.

CIGANO Quer servir um café aqui pro seu amigo, que enfrentou a chuva para vir vê-la?

CAROLINA *(Pegando o bule de café para servir)* Não tenho pão.

CIGANO *(Dando dinheiro para João)* Vai comprar pão.

CAROLINA João, você vai perder a hora da escola.

CIGANO Isso já perdeu mesmo.

JOÃO Mãe, já terminei os exame.

CAROLINA Vai buscar pão. Leva um pedaço para o José Carlos comer de lanche na escola.

João sai.

Cigano examina um pacote.

CIGANO Devolveram teu livro?

CAROLINA Você é poeta, por isso que te falo. A pior bofetada para quem escreve é a devolução de sua obra.

CIGANO Por que mandou seu livro para o estrangeiro?

CAROLINA Os editores no Brasil não imprimem o que escrevo porque sou pobre e não tenho dinheiro pra pagar.

CIGANO Aqui é ruim e lá também. Você mandou para os Estados Unidos e te devolveram.

CAROLINA Tem um moço que veio aqui fazer uma reportagem da favela e prometeu publicar o livro.

CIGANO Conversa fiada, não te ilude, Carolina.

CAROLINA Eu não quero que meus filhos se criem neste ambiente de favela. Vou sair daqui e o caminho vai ser o livro.

CIGANO Sai da favela comigo.

CAROLINA Não me adapto a viver em caravana, nem quero que meus filhos se criem errante.

CIGANO A existência andarilha é poética.

CAROLINA Era só o que me faltava! Depois de velha virar cigana.

CIGANO O amor de cigano é imenso igual ao mar e quente igual ao Sol. Por que você não foi no meu barraco ontem de noite?

CAROLINA Não estou gostando do meu estado espiritual. Da minha mente inquieta. Você está me perturbando.

Cigano ri e a abraça.

CAROLINA Minha filha está dormindo aí dentro.

CIGANO Você é boba. Criança tem sono pesado.

CAROLINA Nunca recebi homem em presença dos meus filhos.

Zita, sem sapatos e toda molhada, bate no barraco de Carolina.

ZITA D. Carolina!

CAROLINA *(Abrindo a porta)* Você por aqui?

ZITA *(Entra e fala para Cigano)* Bom dia.

CIGANO *(Metendo-lhe o olho)* Bom dia.

CAROLINA *(Para Zita)* O que houve com você?

Zita chora.

CAROLINA Conta, desabafa que alivia.

CIGANO Quem é essa moça? Acho que ainda não tinha visto ela na favela.

CAROLINA *(Para Zita)* No último domingo que você veio de passeio por aqui estava tão contente. Que te aconteceu?

ZITA Eu não tava tão contente, eu lhe falei que trabalhava demais, que não me davam sossego.

CAROLINA Eu lembro. Disse para ir aguentando, quem sabe a gente arrumava alguma coisa para ti lá na Fábrica de Doce, vi lá umas mocinhas bonitinhas que nem você.

ZITA *(Chora)* Fugi de madrugada, fiquei andando, depois lembrei de recorrer à senhora...

CAROLINA Deixou suas roupas lá? Não recebeu o ordenado?

ZITA É por isso que tô com medo da minha mãe, interceda por mim, d. Carolina.

Durante o diálogo das duas, Cigano de vez em quando dá uma olhada em Zita. O mais do tempo lima as unhas.

CAROLINA Conta o que houve, vamos, para de chorar.

ZITA O filho da casa...

CAROLINA Tinha moço na casa?

ZITA É.

CIGANO Ela é muito bonita pra trabalhar em casa que tem moço.

CAROLINA Cala essa boca! Vocês homens não podem pensar noutra coisa?

ZITA Eu não deixei, eu fugi.

CAROLINA Vem comigo que te levo pra tua mãe. *(Saem as duas)*

Sexta cena

Sururu, guarda da radiopatrulha e gente em frente ao barraco de Lina. Mulheres falam exaltadas ao guarda.

ALTINA Deixei a roupa no quintal e roubaram.

SEBASTIANA Quem roubou foi essa que mora aí. *(Refere-se a Lina)*

LINA *(Na janela do barraco)* Sou vagabunda mas não sou ladra.

ALTINA Foi sim.

MARIA Teve gente que viu.

LINA Mentira.

ALTINA Seu guarda, faça ela dar conta do roubado.

GUARDA *(Para Lina)* Onde você escondeu as roupas?

LINA Não fui eu quem tirou as roupas.

GUARDA Deixa de histórias.

AMÉLIA Só pode ter sido ela.

ALTINA Deve ter escondido.

GUARDA Vou dar uma busca.

As mulheres também entram no barraco de Lina. João passa correndo pelo meio do povo com o pão embaixo do braço e entra no barraco da mãe.

JOÃO A radiopatrulha pegou a Lina outra vez.

Cigano abre a porta para olhar.

GUARDA Vocês não dão sossego pra radiopatrulha e eu também não vou dar sossego pra vocês até aparecerem essas roupas. *(Entra na casa de Lina)*

Parte do povo entra junto na casa de Lina. João e Cigano tornam a entrar no barraco de Carolina e servem café para tomarem.

Mulheres comentam:

Viu o Cigano no barraco da Carolina?

Ela é velha demais prele. O que ele quer é menina pra pôr na vida.

Foi na cama que ele te contou isso?

Deixa pra lá. Não vê os olho de gula que ele bota nas franga?

O resto da gente que ficou em torno do barraco de Lina entra também ou vai embora, saindo de cena.

Sétima cena

Cigano e João tomam café com pão.

CIGANO Eu nunca comi sem carne. Nunca comi pão sem manteiga. E nesta favela eu comi. Esta favela me deu peso.

Honório dirige-se para o barraco de Carolina e corta o passo desta, que volta de ter levado Zita embora.

HONÓRIO *(Para Carolina)* E o dinheiro da luz?

CAROLINA Não estou te devendo nada.

HONÓRIO Está sim. Não pagou o depósito.

CAROLINA O depósito já foi abolido pela companhia de energia desde 1948.

HONÓRIO Posso cobrar depósito. A companhia me autorizou.

CAROLINA Vai querer dizer que há duas leis: uma para a cidade e outra para a favela?

HONÓRIO Trata de ir pagando se não quer ficar sem luz.

CAROLINA *(Entra no barraco)* A mãe de Zita ainda censurou a filha. Miséria é coisa triste.

CIGANO Também não precisava ter feito tamanho escarcéu.

Se não for ele, vai ser outro qualquer. Moça de favela não casa com véu e grinalda.

CAROLINA Eu também tenho uma filha e não estou criando ela para ser prostituta.

VOZ DE VERA Mamãe.

CAROLINA É a Vera. Acordou.

CIGANO Teus filho não dá sossego a você.

CAROLINA Eles são a força que me sustentam. Vera, a mãe vai levar café com pão pra você.

Vera aparece na porta e pega um pedaço de pão.

VERA Tô com dor de barriga. *(Sai pelo quintal do chiqueiro do porco, comendo pão)* Foi aquele remédio que você me deu.

CAROLINA *(Para Cigano)* Ela tem vermes. Nesta sujeira aqui todas as crianças têm. Dei chá de alho pra ela, mas arrependi. Ela vomitou de noite.

Durante todo o tempo que outros falam, João permanece calado e faz um estilingue.

CIGANO Isso não é nada, logo mais já tá boa.

CAROLINA Não tenho recurso para tratá-los se adoecem. Com esta maldita chuva não posso catar papel. Fico louca quando não tenho o que dar de comer para eles. Pobre não tem direito de criar filho.

CIGANO Tô encontrando dificuldades de viver em São Paulo. No Rio é melhor.

Carolina costura um velho casaco já muito remendado.

CAROLINA Aqui ganha-se mais dinheiro.

CIGANO No Rio ganha mais. Lá eu benzia crianças, ganhava muito.

CAROLINA Pobre tem dificuldade em toda parte.

Oitava cena

Guarda e povo saem do barraco de Lina.

LINA Não fui eu que roubei.

FIRMINA Ela não ia esconder no barracão dela.

GUARDA As roupas vão aparecer ainda que eu vire esta favela pelo avesso.

Saem de cena por entre os barracos.

Nona cena

CAROLINA Melhorou?

VERA Fiz. Sabe, mãe, tem um monte de roupa dentro da fossa.

JOÃO Eu vou ver.

CAROLINA Não vai, não.

CIGANO *(Para João)* Venha cá que vou lhe mostrar uma coisa. *(Tira um revólver da cintura e entrega na mão do menino sem levantar-se do chão, onde está deitado)*

CAROLINA Não gosto de meus filho com arma.

CIGANO Ele é homem. E homem precisa aprender a lidar com estas coisa.

JOÃO Legal.

CIGANO Não fala nada a ninguém, não quero que o povo da favela saiba que tenho revólver.

JOÃO Tá bom.

CIGANO Mostro pra sua mãe porque ela gosta de mim. E mulher quando gosta de um homem não lhe denuncia. Quando eu era soldado comprei este revólver.

JOÃO O senhor já foi soldado?

CIGANO Já. Na Bahia. Deixei a farda porque ganhava muito pouco. *(Tira um retrato do bolso e mostra para Carolina)* Veja como eu era.

CAROLINA Bonito de dar gosto.

VERA Mãe, não tem mais?

JOÃO O pão acabou.

Cigano retoma o retrato. Carolina veste o casaco velho.

CIGANO Você vai sair?

CAROLINA Não suporto os filho perguntar: "tem mais" e não poder lhes dar de comida. Se a chuva não permite catar papel, vou esmolar, já que pareço uma mendiga.

CIGANO Eu tomo conta dos teus filho enquanto você sai.

CAROLINA Não carece.

CIGANO *(Levantando-se para sair)* Você mesma contou que tem uma vizinha que vem atirar o pinico de bosta nas criança quando eles ficam só.

CAROLINA Vou deixar eles fechado.

VERA Mãe, compra sapato pra mim. Eu não gosto de andar sem sapato. *(Choraminga)*

CAROLINA Se o teu pai deixou o dinheiro no Juiz, eu compro. *(Para Cigano)* O pai da Vera é rico, mas só dá 250 cruzeiros por mês. Ele me pede que eu não diga o nome dele no diário, mas não corresponde, às vezes nem deposita o dinheiro. *(Procura moedas no bolso)*

CIGANO Por que você não procura ele e ameaça?

CAROLINA Se eu fosse dessas pretas escandalosas, ia lá na oficina dele, no meio dos empregados, e gritava: "Dá dinheiro para a tua filha!", mas não sou desse temperamento. *(Cambaleia)*

JOÃO Mãe tá se sentindo mal outra vez?

CAROLINA É fraqueza, já passa.

CIGANO Você tá doente?

CAROLINA Máquina, bicho, tudo que presta serviço recebe trato, só o corpo humano que não. Carrego peso demais, como pouco. Meu corpo não aguenta, estou enferrujada.

CIGANO Melhor você não sair com esta umidade.

CAROLINA Não posso ficar abrigada e meus filhos não ter o que comer.

JOÃO Eu vou contigo. Tomo conta de você. Ajudo a catar papel...

CAROLINA A chuva não permite apanhar papel. Fica com tua irmã. Eu não tenho dinheiro para a condução de nós dois. *(Para Cigano)* Pode me emprestar 1 cruzeiro para inteirar o dinheiro da passagem de ônibus.

Cigano dá 1 cruzeiro para Carolina e os dois saem. João fecha a porta por dentro.

Décima cena

Carolina toma o rumo da cidade.

No terreiro central entra o Guarda, Lina e o povo que os acompanha. O Guarda traz a roupa imunda na ponta de uma vara. Cigano fica apreciando.

ALTINA Ordinária, meteu minha roupa na fossa da imundície.

GUARDA *(Para Lina)* Você vai lavar esta roupa aqui nas minhas vistas.

LINA Não fui eu.

GUARDA Despejem a água que ela vai lavar.

Mulheres despejam água.

LINA *(Lava a roupa e lamenta-se)* É injustiça. Não fui eu.

Corte.

Parada de ônibus. Duas ou três pessoas pobres comentam.

Subiu a passagem.

Donde o pobre vai tirar dinheiro para pagar condução?

CAROLINA *(Aproxima-se)* Houve aumento das condução?

Depois de cada eleição é isto, sobe as passagem.

Eles gastam na eleição e os pobre é que pagam.

O povo não sabe revoltar-se. Deviam era dar uma surra nesses políticos alinhavados que não sabem governar o país.

CAROLINA *(Contando o dinheiro)* Quanto subiu?

2 cruzeiros.

CAROLINA O senhor podia me emprestar 2 cruzeiros?

VENDEDOR Olha o pão doce!

CAROLINA Pão doce é luxo. Ninguém tem dinheiro para essas extravagâncias.

Décima primeira cena

Corte.

Fila de mulheres que vão receber o dinheiro que os maridos depositam no Juiz.

MULHER 1 — *(Para Carolina)* Veio buscar o dinheiro que o seu marido dá para os filhos?

CAROLINA — Não é marido. Nunca me casei. É pai da minha filha.

MULHER 2 — Marido ou não são todos uns ordinários. Fazem os filhos e deixam a carga pra nós mulheres.

MULHER 3 — O meu é um cavalo bruto, que não presta.

MULHER 4 — O meu é um burro. Aquele desgraçado. Outro dia ele viajou na Central e pedi a Deus para acontecer um desastre e ele morrer para ir para o inferno.

MULHER 1 — Viu no jornal a história da mãe que matou os filhos e se suicidou?

MULHER 2 — A fome é que levou ao desespero.

MULHER 3 — A gente está predestinada a morrer de fome.

CAROLINA — Se os pobre do Brasil resolver se suicidar porque estão passando fome, não fica nenhum vivo.

MULHER 4 — Eu conhecia a pobre. Cansou de sofrer e não quis deixar os filhos penando.

CAROLINA — É uma vergonha para um país que uma mãe mate os filhos e se suicide por miséria.

Um homem do Juizado vem percorrendo a fila e recolhendo as fichas, chega até Carolina.

HOMEM — Sua ficha?

CAROLINA — O advogado não quis me dar a ficha.

HOMEM — Sem ficha não pode ser atendida.

CAROLINA — Eu preciso do dinheiro. Vim a pé. A condução aumentou e o dinheiro não deu. Meus filhos estão passando fome.

HOMEM — Isso não é problema meu.

CAROLINA — Quando uma criança passa fome é problema de todo mundo.

Décima segunda cena

Bairro residencial. Grupo de mulheres mendigas.

MENDIGA 1 Uma vizinha minha que tem o filho aleijado faz sua féria na cidade. Aquele filho é a riqueza dela.

MENDIGA 2 Pra esmolar na cidade é preciso ter "ponto".

MENDIGA 3 Isso é só pra quem faz profissão de mendigo.

MENDIGA 1 Esses são os que ganham.

MENDIGA 2 Pedir de casa em casa não dá lucro.

MENDIGA 3 Vamos adiante. Aqui não vão atender. A campainha tá estragada ou não tem gente em casa.

MENDIGA 1 Espiaram que era esmoleiro e por isso não atendem.

MENDIGA 2 Os rico não gostam de dar. Eles ficam revoltado que a gente enfeie o bairro deles.

CAROLINA Vocês deviam largar mão de peditório. Também sou necessitada, mas discordo de esmolar.

MENDIGA 3 Pobre e orgulhosa.

MENDIGA 1 Se não gosta de pedir, dá o fora.

CAROLINA Vocês não deviam se dedicar a pedir esmola. É um rebaixamento.

MENDIGA 2 Vamos tocar aqui.

MENDIGA 3 *(Para Carolina)* Não fica aí olhando a gente desse jeito.

DONA DA CASA Que é?

MENDIGA 1 Um pouco de comida ou de café.

DONA DA CASA Tenho um presentinho para vocês. Esperem aí que já volto. *(Entra em casa)*

MENDIGA 2 Nem todas são ruins. Essa tem cara de bom coração.

Carolina continua olhando para as mendigas.

MENDIGA 1 Não fica azarando.

MENDIGA 3 Não gosto de pedir esmola em grupo. Alguém sempre sai logrado. Ela não vai dar para todas.

MENDIGA 1 Quem ganha o presente sou eu. Fui eu que pedi.

CAROLINA Você devia repartir com os mais.

MENDIGA 1 Não gosta de pedir, mas gosta de receber.

CAROLINA Não precisa dividir comigo, reparta com elas.

MENDIGA 1 Ninguém divide nada comigo.

DONA DA CASA *(Volta e estende um pacotinho para as mendigas)* Isto é para a mais necessitada.

Mendiga 1 adona-se do pacote e sai correndo. As outras, exceto Carolina, correm atrás dela e gritam.

MENDIGA 2 Deve ser doce!

MENDIGA 3 Eu também quero!

MENDIGA 2 Divide comigo!

Mendiga 1 no outro extremo do palco, sob refletor, abre ávida o pacote e de dentro dele caem dois ratos mortos.

Décima terceira cena

Corte.

Favela.

Povo rodeia o Candidato. Palmas como aplaudindo uma fala anterior do Candidato.

CANDIDATO Obrigado, meu povo! Eu sou o vosso candidato.

Cupincha do Candidato distribui cédulas entre os favelados.

CANDIDATO O povo precisa de esportes. Eu saúdo a favela do Canindé, que soube organizar o seu clube de futebol, o nosso querido Rubro Negro.

Palmas.

Cupincha do Candidato entrega a este um pacote de onde o Candidato tira camisas de futebolistas.

CANDIDATO Quem sabe cumprir as promessas menores sabe também cumprir as maiores. E para que acreditem no programa que executarei quando eleito, aqui estão as onze camisas que prometi ao Rubro Negro. Confio que vocês saberão honrar estas cores como convém ao povo glorioso que soube ir à Suécia conquistar o título de Campeão Mundial de Futebol.

Vivas e palmas de permeio com a distribuição de camisas. Os jogadores vão vestindo as camisas.

LINA *(Senta-se afastada do grupo)* Aquela filha da mãe me fez lavar a roupa que não fui eu que sujei. Vou tomar um pileque de ficar na memória.

José Carlos bate na porta do barracão de Carolina.

JOSÉ CARLOS João! Abre, depressa!

JOÃO *(De dentro)* É você, José Carlos?

JOSÉ CARLOS Tá com medo de abrir?

JOÃO *(Deixando o irmão entrar)* A mamãe falou pra não deixar entrar gente estranha.

JOSÉ CARLOS Um caminhão jogou fora uma carga de melancia no lixo.

JOÃO Melancia! Quando jogam fora é porque tá podre.

JOSÉ CARLOS Tá gostosa.

JOÃO Você comeu?

JOSÉ CARLOS Todas as crianças tão comendo.

JOÃO Fica aí com a Vera, que vou lá. *(Sai correndo e atravessa a multidão)*

CANDIDATO Guardem as minhas cédulas e não confundam. Votem em mim. Sou o protetor dos esportes.

VOZ NA MULTIDÃO Viva o Rubro Negro!

CANDIDATO Um povo forte é um povo esportivo.

LINA Amigo dos pobre era quem inventou a cachaça.

VOZ NA MULTIDÃO Viva o Brasil, campeão mundial de futebol!

OUTRA VOZ NA MULTIDÃO Cala a boca, palhaço!

Gritaria.

Palhaço é você!

Futebol não enche barriga!

Ignorante!

Burro!

Fecha o tempo, começa a briga.

CANDIDATO Cuidado, não rasguem as cédulas!

Décima quarta cena

Corta para o lixão.

Pequeno grupo de mulheres e crianças rodeando os guardas da radiopatrulha, que colocam na maca, para retirar, o corpo de um menino morto.

Comentários:

Parece o cadáver de um monstro.

Repare os dedos dos pés, abriram mais de um palmo.

Era um negrinho tão bonitinho.

GUARDA 1 Conhecia ele?

CAROLINA *(Respondendo pela que falara antes)* Todo mundo conhecia. Não tinha pai, nem mãe, nem ninguém por ele. Vivia aqui no lixão comendo os resto.

GUARDA 2 Este não incomoda mais.

GUARDA 1 Dão trabalho pra gente até depois da morte.

GUARDA 2 Ao menos este não vai acabar no Carandiru.

MÃE DE ZITA Ele não ia acabar na cadeia, não, era um menino bom, virou anjo no céu.

GUARDA 1 Melhor pra ele.

CAROLINA Foi a carne com creolina que matou ele.

PORTUGUESA Eles no Frigorífico jogam creolina na carne que põem fora pros pobres não poder aproveitar.

GUARDA 1 Vocês parecem um bando de urubu.

CAROLINA Aconselhei ele a não comer, mas o pobrezinho estava com tanta fome...

GUARDA 2 Necrotério com ele.

ESPANHOLA Ficou todo deformado. Que agonia, quanto não sofreu!

CAROLINA Ele ofereceu pra mim um pedaço da carne e aceitei pra não fazer desfeita. Joguei fora depois.

GUARDA 1 Olha o caminho. *(Andam com a maca)*

PORTUGUESA *(Crise de nervos)* O lixo está envenenado. O lixo vai matar meus filhos.

GUARDA 1 Sai da frente.

GUARDA 2 Punhado de vagabundos. Trabalhar que é bom não querem. Só pensam em catar lixo.

CAROLINA *(Cortando o passo do guarda)* Eu trabalho desde madrugada, cato papel e ferro velho. *(Mostra o ombro)* Tenho os ombros machucados de tanto carregar peso. Mas o dinheiro não chega. Quando encontro algo no lixo que eu posso comer, eu como. Não tenho coragem de me suicidar. E não posso morrer de fome.

GUARDA *(Empurra-a para afastá-la)* Arreda!

CAROLINA O custo da vida nos obriga a não ter nojo de nada. Temos que imitar os animais.

GUARDA 2 Leva esta negra na radiopatrulha.

GUARDA 1 A viatura é nova, não quero sujar com essa imundície.

Riem e saem com a maca.

ESPANHOLA Veja os biscoitos que tem aqui.

PORTUGUESA Sem veneno?

ESPANHOLA Um pouco mofados, mas ainda dá pra comer.

CAROLINA Com este tempo chuvoso jogam fora muitos gêneros estragados.

ESPANHOLA Sorte nossa.

Décima quinta cena

Corta para a favela.

Zita chora sentada no chão à porta do barraco de Carolina.

Dentro do barraco, Cigano joga cartas com Adauto, marido de Lina, com um pernambucano e com Marzinho, do Primeiro Ato. A mesa foi posta no centro do barracão.

Lina se pavoneia no terreiro central com a garrafa de cachaça, mas já está visivelmente embriagada.

Da janela do barraco de Lina, Nelson, o filho de Joana, grita para Lina. Ouve-se dentro do barraco choro de criança.

NELSON Não sei fazer ela parar de chorar.

LINA Você é que nem sua mãe. Não presta pra nada.

NELSON Acho que é fome.

LINA Dá um gole de pinga pra ela.

NELSON Lina, tem dó da tua filha. Atende ela.

LINA Dó por quê? Ninguém tem dó de mim!

NELSON Eu quero ir embora para onde foi minha mãe.

LINA Você sabe que eu sou feiticeira. Faz essa menina parar de chorar senão te transformo em elefante.

NELSON Não, Lina, por favor!

LINA Não gosto de choro. Faz esse diabo calar a boca.

Nelson some da janela.

CIGANO Trinca de ases. *(Arrebanha o dinheiro e um relógio que estão sobre a mesa. Ergue o relógio)* Isto não é roubado?

MARZINHO E neste jogo será que não há roubo?

CIGANO O papai aqui tem classe. Quem não tem competência não se estabeleça.

PERNAMBUCANO Não levanto daqui sem tirar minha desforra. Vamos a outra.

MARZINHO Tô avisando.

CIGANO *(Para Marzinho)* Se não tá contente, pode ir embora.

ADAUTO *(Pondo sobre a mesa o rádio de Carolina)* Se relógio vale, rádio também serve.

CIGANO Larga isso onde estava. O rádio é de Carolina.

ADAUTO Besteira.

PERNAMBUCANO *(Para Adauto)* Vai em casa buscar reforço. A gente espera.

MARZINHO Eu fico de fora.

CIGANO Peru só em festa de Natal de rico.

João está sentado, muito encolhido, ao lado do chiqueiro do porco. José Carlos entra por trás do chiqueiro arrumando as calças.

JOSÉ CARLOS Já fiz três vezes. Acho que foi a melancia.

JOÃO Eu também comi e tô com a barriga boa.

JOSÉ CARLOS Eles ainda tão aí?

JOÃO Você mesmo que deixou eles entrar.

JOSÉ CARLOS O Cigano sempre visita a mamãe, pensei que ele tava sozinho.

JOÃO Você sabe que quando a mamãe sai, ela manda a gente não abrir pra ninguém.

JOSÉ CARLOS Tô com medo.

JOÃO Frouxo.

CIGANO *(Para Adauto)* Vai ou não vai buscar reforço?

Adauto abre a porta para sair e vê Zita chorando, mas passa de largo. Cigano também vê a moça.

Décima sexta cena

CIGANO Quem é que tá aí?

ZITA Sou eu. Estou esperando D. Carolina.

Cigano sai do barraco e fecha a porta.

ADAUTO *(Para Lina)* O que é que você tem de valor que cubra uma aposta de jogo?

LINA Já andou perdendo outra vez?

ADAUTO Isso não é da sua conta.

NELSON *(Da janela)* Precisa comprar leite. É de fome que ela tá chorando.

LINA *(Para Nelson)* Cala a boca, moleque intrometido!

ADAUTO *(Para Lina)* De tanta cachaça é que você secou o leite desses peito.

LINA Se você não fosse um pato que vivem depenando no jogo, tinha com que comprar leite pra sua filha.

Adauto dá uma bofetada em Lina e a leva aos empurrões para dentro do barraco. Logo em seguida, Nelson sai gritando com a cabeça machucada. Os gritos de Lina continuam. Os vizinhos aparecem para espiar.

NEGRÃO *(Na porta do barraco de Lina)* Larga de bater na mulher.

ADAUTO Mulher depois que casa é pra suportar o marido. Não admito estranho dentro de casa. *(Bate a porta, fechando-a)*

Os grupos de curiosos vão se esparramando aos poucos, durante as falas de Cigano e Zita.

ZITA Não posso ir pro seu barracão, não é direito.

CIGANO Disse por ajudar. Você fica lá esperando, enquanto vou na casa da sua patroa buscar o que é seu. Depois a sua mãe a recebe de volta.

ZITA Eles não vão entregar os meus trens pro senhor.

CIGANO Comigo essa gente não se mete a valentão. Sei tratar deles com energia e distância.

ZITA Acho melhor esperar d. Carolina.

CIGANO Carolina já passa muita necessidade com os filhos que tem, não vai poder ajudar você.

ZITA O senhor acha?

CIGANO Vá por mim que você vai bem. Venha. *(Ela o acompanha)*

Décima sétima cena

Dentro do barraco de Carolina.

PERNAMBUCANO Se tem certeza que ele rouba, por que não pegou ele em flagrante?

MARZINHO É o que eu ia fazer da próxima vez, quando tivesse de fora. Ele percebeu meu pulo e saiu de fino.

PERNAMBUCANO Se isso for verdade, não vai ficar assim.

MARZINHO *(Abre a porta)* Não lhe disse? Ele já não tá mais aqui.

PERNAMBUCANO E o Adauto?

MARZINHO Acho que saíram juntos.

PERNAMBUCANO Eu uso esta peixeira é pra esses fins. Se dou um grito aqui nesta favela, tenho comigo todos os pernambucanos e mais os nordestinos de sobejo. *(Sai)*

Marzinho sai atrás dele, mas não sem antes pôr o rádio embaixo do casaco.

Décima oitava cena

Canto de ensaio protestante fora de cena. Na janela de um barraco, uma mulher aparece e indaga para outra que vem com lata d'água.

JANDIRA São os crentes que tão cantando, não?

FIRMINA Tão cantando de dia só para fazer concorrência ao Padre que tá aí com o carro-capela, rezando missa.

JANDIRA É pra ver, nós favelados ainda temos algum valor, todos querem nossas orações e nossos votos.

Décima nona cena

Honório, cobrador da água e da luz, grita na porta do barraco de Carolina.

HONÓRIO Carolina!

Os meninos continuam fora, junto ao chiqueiro do porco.

JOSÉ CARLOS Tem gente chamando a mãe.

JOÃO Será que eles já se foram? *(Entra no barraco)*

HONÓRIO Tua mãe tá aí?

JOÃO Não, senhor.

HONÓRIO *(Desligando a luz)* Pois quando ela chegar, participa que cortei a luz porque ela está atrasada nos pagamento.

JOÃO O senhor não pode fazer isso...

HONÓRIO Ora, moleque, tu não te enxerga. *(Sai)*

JOÃO José Carlos!

JOSÉ CARLOS *(Entra)* Já foram?

JOÃO Deixaram a porta aberta. O Honório veio e desligou a luz.

JOSÉ CARLOS Eu não vou esperar ela.

JOÃO Você fica.

JOSÉ CARLOS Ela vai me bater. *(Esgueira-se pela porta e sai correndo. João não consegue detê-lo)*

José Carlos some em uma das passagens laterais que há entre os barracos. João torna a pôr a mesa junto à parede como estava antes.

FIRMINA Vou largar esta lata e vou assistir à missa. Gosto de ou vir o padre falar.

JANDIRA Pra isso os crentes. Não preciso ir lá pra ouvir. Daqui mesmo ouço a cantoria deles.

Vigésima cena

Corte.

Cena no Serviço Social.

Fila de doentes, molambos humanos, mulher que chora em silêncio.

FUNCIONÁRIO *(Indaga para o primeiro da fila)* Nome e endereço.

Carolina entra e dirige-se diretamente para o funcionário, perturbando a fila.

CAROLINA Eu vim aqui pedir um auxílio porque estou doente. O senhor mandou-me ir na avenida Brigadeiro Luís Antônio...

FUNCIONÁRIO Entra na fila e espera a vez.

CAROLINA Já esperei na fila, aqui e na Brigadeiro Luís Antônio, e de lá me mandaram na Santa Casa...

FUNCIONÁRIO Não perturba.

CAROLINA Da Santa Casa me mandaram de volta aqui. Já lhe disse que preciso de ajuda, eu estou doente. Minha filha também está doente...

FUNCIONÁRIO *(Para um guarda)* Prenda ela.

CAROLINA Eu não fiz nada para ser presa. Estou pedindo ajuda.

FUNCIONÁRIO Você veio aqui para desacatar. Não respeita a fila. Diz desaforos e faz reclamações. É uma agitadora. *(Para o guarda)* Prenda ela.

O guarda segura Carolina e olha para ela cheio de pena.

CAROLINA *(Para o guarda)* Eu sou pobre, por isso é que vim aqui.

FUNCIONÁRIO *(Para o guarda)* Chama um carro de preso.

GUARDA Sim, senhor. *(Faz um gesto para Carolina, indicando-lhe que fuja)*

Carolina corre.

Vigésima primeira cena

JANDIRA *(Para mulher da lata d'água, sem a lata, que vem entrando no terreiro)* Já terminou a missa?

FIRMINA O padre é muito bom. Ele disse que sente prazer em estar entre nós.

JANDIRA Diz isso porque não vive na favela.

FIRMINA Ele falou que é para os casado terem filho.

Carolina entra no terreiro da favela, vindo da cidade.

JANDIRA Eu sou da religião dos crentes. Na Bíblia fala para crescer e multiplicar-se, mas não fala em casamento.

FIRMINA *(Para Carolina)* Qual é a tua religião, Carolina?

CAROLINA Eu não discuto religião.

No fundo do palco, uma outra mulher anuncia.

ZEFA O homem do Centro Espírita tá aí, distribuindo café e açúcar.

A mulher da lata d'água sai correndo, a da janela sai do barraco e surge gente de todo lado; Carolina corre com dificuldade e meio cambaleando.

JANDIRA Tá bêbada, Carolina?

CAROLINA Você sabe que eu reprovo o álcool.

ALTINA Então por que tá cambaleando?

CAROLINA Fraqueza. Estou doente. *(Sai na mesma direção em que saíram as demais)*

Amélia, a mulher que fez a acusação contra João no Primeiro Ato, entra por entre os barracos e bate à porta do barraco de Carolina. João permanece mudo.

AMÉLIA Carolina, por que você não responde? Tem medo de mim? Se teu filho não fosse um porco, você não precisava temer.

João espia e recua.

AMÉLIA Não quer abrir? Pouco me importa! *(Põe um papel por baixo da porta)* Aí fica a intimação do juiz. *(Afasta-se)*

João esconde o papel embaixo de todos os livros no armário. Mulheres com pacotinhos voltam pelo fundo do palco. Firmina e Jandira entram juntas.

FIRMINA Não tá nada mau. Já garanti o café e o açúcar, amanhã cedo vou à missa e o padre me dá pão.

JANDIRA *(Entrando no barraco)* Eu gosto dos crentes porque eles cantam.

Carolina entra pelo fundo com os pacotinhos e mais o saco que carregava em cenas anteriores. Nelson, filho de Joana, que se abrigava junto ao barraco de Lina, agarra-se em Carolina.

NELSON D. Carolina, me protege!

CAROLINA — *(Reparando na cabeça ensanguentada do menino)* Que aconteceu contigo?

NELSON — Foi a Lina que me atirou uma garrafa na cabeça.

CAROLINA — *(Examinando a ferida)* Por que você não vai embora para onde foi sua mãe?

NELSON — Eu não vou porque a Lina disse que é feiticeira e se eu for embora ela vai fazer eu virar um elefante e o elefante é um bicho muito, muito feio.

CAROLINA — Não acredita nessas bobagens. Vem comigo pra lavar esse ferimento. *(Os dois encaminham-se para o barraco de Carolina)*

NELSON — Sabe, d. Carolina, e se ela fizer eu virar porco? Eu tenho que comer lavagem e alguém há de querer me pôr num chiqueiro pra eu engordar. Vão me capar.

CAROLINA — *(Na porta do barraco)* João! José Carlos! Abram. Sou eu. A mamãe.

NELSON — E se ela fizer eu virar um cavalo? Alguém há de me pôr pra puxar carroça e ainda me dá chicotada.

João abre a porta. Carolina e Nelson entram. Carolina solta o saco no chão e os pacotes em cima da mesa. Molha um pano para limpar o ferimento de Nelson.

Vigésima segunda cena

JOÃO — Quem foi que machucou você?

NELSON — Foi na briga da Lina com o Adauto.

JOÃO — Eu ouvi a gritaria dela.

CAROLINA — E a Vera e o José Carlos onde estão, João?

JOÃO — O José Carlos saiu.

CAROLINA — Onde foi?

JOÃO — Não sei. A Vera tá dormindo.

CAROLINA — Será que ela piorou? *(Entra no quarto)*

João espia o que tem dentro do saco e tira uns biscoitos.

NELSON — Me dá um? A Lina me faz passar muita fome.

JOÃO — Pede pra mamãe.

Nelson pega um biscoito e fica sem jeito com a entrada de Carolina.

CAROLINA A Vera está com febre. *(Pega uns biscoitos e põe nos bolsos de Nelson)*

NELSON Eu já vou, senão a Lina me surra porque demorei fora de casa.

CAROLINA Ela não pode te virar em bicho. Feitiço não existe. Vai para Carapicuíba com tua mãe.

Nelson sai correndo e entra no barraco de Lina.

CAROLINA *(Tirando 2 cruzeiros do seio)* Toma, vai comprar um comprimido pra Vera. Se encontrar o José Carlos, manda ele pra casa.

JOÃO *(Tirando outro biscoito do saco)* Que farinha é essa que tem aí dentro com os biscoitos?

CAROLINA É fubá pro porco. Tudo que molhou nos armazéns os negociantes jogaram fora. Em vez de vender barato, eles guardam esperando a alta dos preços. As águas invadiu os armazéns e estragou os alimentos. Vi os homens jogar sacos de arroz dentro do rio. Bacalhau, queijo, doces...

JOÃO Fico com inveja dos peixes. *(Sai)*

CAROLINA *(Na porta)* Quando voltar, passa no barraco do Cigano e fala pra ele vir cá. Não vou poder sair devido à doença de Vera.

João se afasta. Carolina entra e mistura o fubá com água e leva para o porco no chiqueiro.

Vigésima terceira cena

Adauto sai de seu barraco e fecha a porta, falando para dentro.

ADAUTO Quem manda em você é a força do meu braço. Se te encontrar outra vez na rua, te quebro os dentes!

Pernambucano sai da sombra de um casebre e chama:

PERNAMBUCANO Adauto.

ADAUTO Bato nela quanto quiser, pra isso é minha mulher.

A Carolina chamou a radiopatrulha pra mim, pus fogo no barracão dela...

Outros homens adiantam-se na sombra. Carolina se encosta no chiqueiro e vomita.

CAROLINA Acho que comi lixo estragado.

PERNAMBUCANO Nós estamos esperando o Cigano.

MARZINHO Vamos tirar-lhe o vício de roubar no jogo.

ADAUTO E que é que eu tenho com isso?

PERNAMBUCANO Ele roubou de você também.

Carolina volta para dentro do barraco, amparando-se nas paredes e senta-se extenuada.

MARZINHO Se não tá contra ele é porque jogou de parceria com ele.

ADAUTO Cala a boca, frango, e não experimenta cantar de galo perto de mim!

Marzinho avança para Adauto. Pernambucano e os outros homens intervêm. Carolina pega o diário.

NECO Guardem a valentia pro Cigano.

PERNAMBUCANO Fica com a gente, Adauto. Homem não enjeita briga.

ADAUTO Fico porque estou mesmo com sede daquele Cigano. Anda dizendo que é baiano. Vou mostrar pra ele que quem é baiano sou eu.

CAROLINA *(Escreve e ao mesmo tempo diz em voz alta)* "Não posso morrer. Os meus filhos precisam de mim." *(Continua escrevendo em silêncio)*

NECO Não vejo futuro em ficar aqui na garoa à espera do Cigano...

PERNAMBUCANO Ele demora mas não falha de vir ao barracão de Carolina.

ADAUTO Vou aproveitar e dar uns safanões nessa nega metida, que vive chamando a radiopatrulha e contando a vida dos outros naquele livro que ela escreve.

PERNAMBUCANO Deixa a mulher em paz. A minha diferença é com o Cigano.

MARZINHO Melhor é ir ao barracão dele e tirar logo a diferença.

PERNAMBUCANO Lá no meio dos ciganos ele encontra quem o defenda. Aqui o agarramos sozinho.

Vigésima quarta cena

Carolina tenta acender a luz e não consegue. Examina os fusíveis.

CAROLINA Patife! Cortou a luz!

Vera aparece na porta do quarto.

VERA Mamãe, trouxe o meu sapato?

CAROLINA O Honório esteve aqui?

VERA Não sei. Eu tava dormindo.

CAROLINA *(Passa a mão na testa da filha para verificar se a criança está com febre)* O sono fez bem. A febre baixou.

VERA E o sapato que você me prometeu? Tenho muito frio nos pé.

CAROLINA Seu pai não deixou o dinheiro.

VERA Meu pai não presta.

CAROLINA *(Limpa um biscoito e dá para a filha)* Se você quer café, eu faço. Ganhei pó e açúcar. *(Começa a fazer café)*

VERA Vai embora, vai embora.

CAROLINA Quem é que você está mandando embora?

VERA Tô mandando embora a miséria.

Vigésima quinta cena

Entra no terreiro central um grupo de quatro ou cinco mulheres da favela, entre as quais a Mãe de Zita e Amélia.

FIRMINA Carolina, venha aqui fora que queremos falar com você.

CAROLINA *(Abre a janela)* Fale.

AMÉLIA *(Mostrando a mãe de Zita)* Onde está a filha dela?

CAROLINA Ela que é mãe é que deve saber. *(Tenta fechar a janela. Uma mulher segura a janela)*

ALTINA Foi com o seu conhecimento que o Cigano levou a

Zita pro barracão dele?

CAROLINA Não sei o que você está dizendo. Passei o dia fora, catando o que comer.

MÃE DE ZITA Pobrezinha da minha filha. Você é a culpada, Carolina!

CAROLINA Você a escorraçou porque ela fugiu da casa da patroa.

SHIRLEY Melhor um filho da família da patroa do que um cigano.

CAROLINA Não sei de nada com o Cigano, vocês é que gostam de assuntos pornográficos.

AMÉLIA De porcaria quem gosta é teu filho. Já levou ele pro juiz?

Carolina consegue fechar a janela. As mulheres atiram pedras. João aparece ao fundo e vê o sururu, esgueira-se entre os barracos e sai outra vez de cena.

PERNAMBUCANO *(Fala para as mulheres)* Deixem o Cigano por nossa conta.

NECO Ele é demais na favela.

MARZINHO Vamos obrigá-lo a fazer a pista.

AMÉLIA Ele agarrou a filha dela. *(Aponta para a Mãe de Zita)*

ADAUTO Filho da puta! Eu tava de olho naquela franga.

MÃE DE ZITA Acho que Deus não vai mais consertar o mundo.

Vigésima sexta cena

João entra no barraco pelo chiqueiro do porco. Carolina serve café para Vera.

VERA Eu gosto do Cigano, ele me dá doce.

JOÃO Mãe.

CAROLINA Elas não te viram?

JOÃO Eu vi elas antes e dei a volta.

CAROLINA E o José Carlos? Tenho medo de alguma maldade. Não te aconteceu nada?

JOÃO Aconteceu... *(Mete a mão no bolso e a mão sai do outro lado pelo rasgão)* Perdi os comprimidos.

CAROLINA Perdeu mesmo ou você gastou o dinheiro noutra coisa?

JOÃO Juro.

CAROLINA Era meu único dinheiro, você sabia...

JOÃO *(A mão no bolso furado)* O bolso furado.

VERA Você disse que não tenho mais febre. Pra que remédio?

CAROLINA Volta pra cama.

Vera entra no quarto.

CAROLINA Eu tenho febre. Estou com tremura. A minha cabeça parece que vai arrebentar.

JOÃO Vou procurar os comprimidos.

CAROLINA No escuro e na lama você não vai encontrar.

JOÃO Você não pode ficar doente, mamãe. Eu vou.

CAROLINA Não. Elas são capaz de te pegar. Aquela maldita Amélia anda no meio delas. Você viu o Cigano?

JOÃO Não.

CAROLINA Eu disse para você ir no barracão dele.

JOÃO Eu fui.

CAROLINA Ele não estava?

JOÃO Não abriu a porta. Falou lá de dentro.

CAROLINA Por quê?

JOÃO Desculpe lhe dizer, mas acho que tinha mulher com ele.

CAROLINA Não diga mais nada, João. Isto não é conversa de mãe com filho.

JOÃO Ora, mamãe, eu sou um homem. Já tenho 11 anos.

CAROLINA É isso mesmo, quem reside na favela não tem quadra na vida, não tem infância.

JOÃO Ouvi a voz dela. Acho que era a Zita.

CAROLINA Já chorei muito quando era moça. Não sou mais mulher de chorar, mas se fosse, seria a ocasião.

JOÃO Ele bancou o sujo com a senhora, não foi mesmo?

CAROLINA Não é por ele que tenho vontade de chorar, é pelo futuro de Zita. O pior da vida é a própria vida.

JOÃO Mãe, você tá tremendo.

CAROLINA É a febre.

JOÃO *(Mete outra vez a mão no bolso furado)* Maldito bolso!

Vigésima sétima cena

Cigano entra no terreiro assobiando. Os homens saem da sombra e o cercam. As mulheres ficam em volta, atiçando a briga.

PERNAMBUCANO *(Para o Cigano)* Estamos esperando você pra continuar o jogo.

CIGANO Que brincadeira é essa?

MARZINHO Talvez agora sua sorte tenha mudado.

CIGANO Não tô entendendo.

NEIDE Onde está a Zita?

SHIRLEY Eu vi quando você saiu daqui com ela.

CIGANO Ó gentes, que é isso?

ADAUTO Deixem logo eu quebrar a cara dele...

CIGANO Não venha com violência que também me esquento...

MARZINHO Devolve o meu relógio.

PERNAMBUCANO O jogo foi roubado. Devolve as paradas.

CIGANO Vocês são criança, vão se queixar pra mamãe.

PERNAMBUCANO *(Tira a peixeira)* Quem é criança?

Os outros homens empunham navalhas e peixeiras.

AMÉLIA Aí, valente!

MÃE DE ZITA Onde tá a minha filha?

CIGANO Vamos com calma.

JANDIRA Cigano é bicho do diabo.

ADAUTO Sangrem ele!

Os homens avançam com as navalhas e peixeiras. Cigano dá um salto em direção à porta do barraco de Carolina e empunha o revólver.

CIGANO Quem avançar é homem morto.

ALTINA Chamem a radiopatrulha.

AMÉLIA Eu vou chamar. *(Corre para a saída do fundo)*

CIGANO Abre a porta, Carolina.

PERNAMBUCANO Cerquem o barraco pelo fundo.

MARZINHO Depressa.

Um grupo de homens, entre os quais Pernambucano, Marzinho e Adauto, passam entre os barracos.

PERNAMBUCANO Vamos encurralar ele até que chegue a radiopatrulha.

ADAUTO É a primeira vez que ouço falar em radiopatrulha e sei que não é pra mim.

CIGANO Abre a porta, Carolina. Quando eu voltar, te dou uma máquina de costura. Eu não faço conta de dinheiro.

LINA Ela vai abrir. É uma negra muito ordinária.

CIGANO Abre, Carolina. Sei que você vai pensar em mim e sei que você vai sentir falta de mim.

O grupo de homens entra pelo terreninho onde há o chiqueiro do porco.

CAROLINA *(Enfrenta os homens, impedindo-os de entrarem no barraco)* Fora daqui, seus desavergonhados!

PERNAMBUCANO Abre a porta e deixa ele entrar.

CAROLINA Ele não presta e vocês tampouco.

CIGANO Deixa eu entrar, Carolina.

MARZINHO Acende a luz e deixa ele entrar.

CAROLINA A luz foi cortada porque me nego a pagar o que o Honório exige. Vocês gostam de brigar por tudo, menos para baixar os preços.

CIGANO Carolina, tô com revólver. Abre pra evitar que eu mate um deles.

PERNAMBUCANO Se tivesse luz, obrigava essa nega a abrir a porta, mas no escuro o negrume dela se mistura com a escuridão e não sei onde ela tá.

CAROLINA Sou preta e estou contente com isso. Se os preto tivesse chegado ao mundo depois dos branco, aí os branco podiam reclamar. Mas nem o branco nem o preto conhece sua origem.

MARZINHO *(Tira uma lanterna do bolso)* Deixa que eu me encarrego de clarear o ambiente.

O jato de luz da lanterna recai exatamente no lugar onde de-

via estar o rádio.

CAROLINA Roubaram meu rádio!

MARZINHO Cigano é gente conhecida como ladrão.

CIGANO *(Gritando)* Abre, Carolina!

CAROLINA Eles estão aqui dentro. Se eu abro, eles te matam.

AMÉLIA Era por isso que ela não abria.

CIGANO Adeus, Carolina, você vai morar no meu pensamento. Um dia eu volto e te levo comigo para longe desta favela. *(Afasta-se da porta, sempre mantendo os outros à distância, mas está encurralado)*

MÃE DE ZITA Como ele gosta dela.

AMÉLIA Já esqueceu tua filha, mulher?

MÃE DE ZITA Acho que tudo não passa de conversa. Deus não ia permitir.

PERNAMBUCANO Espia se ele já se afastou da porta, Carolina?

CAROLINA As minhas pragas pegam. Quem roubou meu rádio vai secar a mão.

FIRMINA Tá chegando a radiopatrulha.

CIGANO Deixem eu sair senão atiro para matar. Ferir só não serve, faz inimigo.

JANDIRA Radiopatrulha nada. É a ambulância que veio buscar a mulher do Lico que teve um aborto.

ADAUTO *(Que já voltara para o terreiro central)* Só quando é pra mim é que a radiopatrulha vem depressa.

PERNAMBUCANO Vamos embora. Basta um para tomar conta desta passagem. *(Dá ordem para o Marzinho)* Fica você.

Marzinho posta-se junto ao barraco na estreita passagem que liga o terreninho do chiqueiro com o terreiro central, junto ao proscênio. Os outros fazem a volta e passam entre os barracos, voltando ao terreiro central.

SHIRLEY Os homens estão com raiva porque ele é bonito demais.

NEIDE Bonito e gostoso.

PERNAMBUCANO *(No terreiro central)* Nunca vi tanta gente com medo de um homem só. *(Faz gesto para os outros se aproximarem de Cigano)* Vamos fechando, venham, venham!

CIGANO *(Recua para o terreninho ao lado do barraco de Carolina)* Está livre a passagem, Carolina?

Marzinho salta sobre ele com a navalha erguida. Cigano desfecha um tiro que arrebata-lhe a navalha.

MARZINHO Ai, minha mão!

Cigano passa correndo sobre o chiqueiro do porco.

FIRMINA Chegou a radiopatrulha.

PERNAMBUCANO Dispersem! Cada um para o seu barraco.

ALTINA Vamos dar queixa do Cigano.

NEGRÃO Esse já pôs o pé no mundo. A radiopatrulha termina é levando um de nós.

ADAUTO Ideia azarada de chamar a polícia. *(Entra no seu barraco)*

Há uma dispersão geral e rápida.

Entram quatro guardas no palco vazio.

GUARDA 1 E a briga onde é?

GUARDA 2 Vamos dar a batida.

GUARDA 3 Silêncio na favela é mau augúrio.

GUARDA 4 Devem ter matado alguém.

Saem por entre os barracos, dando a busca.

CAROLINA João, acho que estou com muita febre.

Guarda volta segurando dois meninos.

GUARDA 1 Oi!

GUARDA 2 *(Entra ao chamado do outro)* Quem são estes dois moleques?

MENINO MAIOR Me solta. Eu moro aqui.

GUARDA 1 Quieto.

GUARDA 2 Que há de errado com os garotos?

GUARDA 1 São a pinta dos que fugiram do reformatório.

MENINO MENOR Eu não quero voltar.

GUARDA 1 Tá vendo? São eles.

MENINO MAIOR Sou não.

JOÃO *(Espiando)* Mãe, os guarda pegaram dois menino.

CAROLINA *(Vai meio cambaleando até a porta)* Será o José Carlos? *(Entreabre a porta)*

MENINO MAIOR Dona, me socorra, não deixe eles me levar.

GUARDA 1 Reformatório vocês não querem. Querem é malandragem.

CAROLINA Não maltrate o menino.

GUARDA 1 São fujões.

MENINO MENOR Eu tenho medo de voltar. Eles vão me bater.

Guarda arrasta os meninos para fora.

JOÃO Nunca me interne, mamãe.

Carolina abraça o filho e ao mesmo tempo ampara-se nele para voltar até a cama.

José Carlos passa pelo chiqueiro do porco e senta-se no chão, soluçando.

CAROLINA Quem tá aí?

JOSÉ CARLOS O Cigano disse para eu voltar, que você me perdoa.

CAROLINA José Carlos!

JOSÉ CARLOS Arrependi de ter fugido. Pode me bater se quiser, eu fico...

CAROLINA Tô desmaiando, não aguento mais...

JOÃO Socorre, José Carlos. A mamãe tá morrendo!

JOSÉ CARLOS Eu fico perto da senhora. Se a morte chegar, dou uma porretada nela.

JOÃO Não morra, senão nós vamos para o Juiz.

JOSÉ CARLOS Vamos cantar pra espantar a morte.

Os dois meninos cantam.

Vigésima oitava cena

Marzinho, com a mão ferida e o rádio embaixo do braço, acompanhado pelos dois outros rapazinhos seus companheiros no Primeiro Ato, atravessam o palco.

CRICA Besteira devolver o rádio.

MARZINHO Ela tem uma boca danada.

FUIM Roubou, tá roubado.

CRICA Ela não desconfia de você.

MARZINHO Basta o ferimento, não quero ficar com a mão seca.

FUIM Isso foi mera coincidência, como diz na TV.

Marzinho entreabre a porta do barraco de Carolina e põe o rádio na prateleira.

FUIM Ela não te viu?

MARZINHO Tá escuro. Eu sabia que a luz foi cortada.

JOÃO Mamãe, fala com a gente.

CAROLINA Foi uma tontura. É a febre.

JOSÉ CARLOS Você viu a morte? A gente vê quando ela chega?

CAROLINA Acho que ela foi embora. Ouvi a porta abrir.

FIM DO SEGUNDO ATO

TERCEIRO ATO

Primeira cena

Mesmo cenário.

Favela.

No pequeno quintal à frente do barraco de Carolina, onde fica o chiqueiro, sobre tábuas improvisadas em mesa, Agripino, Carolina e Manoel retalham o porco. Os dois lados do quintalzinho estão cheios de gente olhando e pedindo.

Me dá um pedaço, Carolina.

Dá as tripas pra mim.

CAROLINA Eu não vou dar. Engordei este porco para os meus filho.

Vende um pedacinho de toucinho pra mim.

CAROLINA Não vou vender. Quando você engordou e matou o teu porco, eu não fui aborrecer-te.

Um pedacinho só.

Dois bifes para mim.

Com a buchada eu fico contente.

CAROLINA Vamos levar este porco pra dentro.

MANOEL Já separei minha parte. *(Põe dentro de um cesto)* Preciso ir andando. O serviço está à minha espera.

Agripino e Carolina carregam a outra metade para dentro de casa e põem em cima da mesa.

MANOEL *(Já saindo)* Até amanhã, Carolina.

CAROLINA Até mais ver.

Falas entre os vizinhos que olham na cerca.

Não dá nada pra gente.

Miserável!

Essa nega não presta!

Um dia eu me vingo.

Segunda cena

CAROLINA Agripino, estou com medo dessa gente.

AGRIPINO Calcula eu então!

CAROLINA E se eles invadir o quintal?

AGRIPINO Arrenego desse povo.

CAROLINA Se eles invadir, adeus carne de porco.

AGRIPINO Você me prometeu um pedaço de carne quando construí o chiqueiro. Se lembra, Carolina?

CAROLINA Já quer ir embora, tá com medo?

AGRIPINO Eu não presto. Fiquei desmoralizado desde que a Marina morreu.

CAROLINA Toma teu pedaço. Pode ir. Se esse povo desembestar nem a radiopatrulha detém.

AGRIPINO Carolina, eu sou muito infeliz...

CAROLINA Pobre só é feliz quando tá dormindo.

AGRIPINO Você largou o Joaquim pelo Cigano. Depois pegou o Joaquim outra vez, mas pra mim você não olha.

CAROLINA O Joaquim foi bom pra mim quando fiquei doente. Não me deixou passar necessidade.

AGRIPINO Cuidou de você porque você tava criando o porco a meias com o irmão dele.

CAROLINA O Joaquim é um homem bom.

AGRIPINO *(Com o pacote embaixo do casaco)* Não quer mesmo que eu fique?

CAROLINA Não carece.

AGRIPINO *(Sai e volta logo)* O povo já esparramou.

Só restam poucos junto à cerca. O resto espalhou-se pelo terreiro central da favela. João e José Carlos atravessam o palco correndo, vindos da entrada do fundo. José Carlos traz uma cachorrinha no colo.

CAROLINA *(Da porta, vendo os filhos)* Os meninos estão voltando da escola.

JOÃO *(De longe)* Mamãe, a senhora matou o porco?

CAROLINA Matei.

Agripino toma rumo.

JOSÉ CARLOS *(Junto à porta e logo entrando)* O Ninho disse que foi três facadas e duas pauladas.

Os meninos entram e Carolina fecha a porta.

JOÃO Parece uma pessoa morta.

CAROLINA *(Para José Carlos)* De quem é essa cachorra?

JOSÉ CARLOS Ganhei.

CAROLINA Já não expliquei que não podemos ter cachorro?

JOSÉ CARLOS Pensei que agora...

VERA Deixa, mãe.

CAROLINA A carne de porco não vai durar pra sempre.

JOSÉ CARLOS Depois eu cato comida pra ela no lixo.

CAROLINA Tá bom, por enquanto fica.

JOSÉ CARLOS Você é muito boa, mamãe.

CAROLINA *(Para João)* Eu vou lavar a barrigada e você não sai daqui, por causa dos gatos.

Carolina, José Carlos e Vera vão até a extremidade esquerda do palco, onde ficticiamente fica o rio e lá Carolina lava as tripas do porco.

JOSÉ CARLOS A gente por dentro é igual ao porco?

CAROLINA O interior do porco é igual ao do homem.

JOSÉ CARLOS Então o porco já foi homem?

CAROLINA Não sei.

Terceira cena

As mulheres espalhadas pelo terreiro comentam.

Ela não vai dar nada pra gente.

Nega sovina.

Eu sei como incomodar ela.

Falando no livro?

AMÉLIA *(A mesma da briga com o Cigano)* Coisa melhor. Fica aí que vocês vai ver.

Aproxima-se de Carolina.

José Carlos está assoprando uma tripa e Vera bate palmas de satisfação.

AMÉLIA E o Cigano, Carolina, não teve notícia dele?

CAROLINA Isso é o mesmo que me perguntar onde fica a casa do vento.

MARIA Ele mandou a máquina de costura que prometeu na noite que foi corrido da favela?

CAROLINA Vai cuidar da tua vida!

AMÉLIA Não sei por que não gosta que se fale no Cigano...

AS OUTRAS MULHERES Conta a história dele no teu livro.
Também tô no livro?
Deixa eu ler o livro?

CAROLINA Só quem lê é o repórter que vai publicá-lo.

Risadas.

CAROLINA Podem rir. Ele fez uma reportagem comigo e vai sair na revista...

ALTINA Você conta no livro que você entregou aquela pobre franga pro Cigano?

SEBASTIANA Ele decerto pôs ela na prostituição.

AMÉLIA Conta que foi preciso trazer duas intimação pra que você levasse o sem-vergonha do teu filho no Juiz.

CAROLINA Essa tal primeira intimação nunca recebi e se soubesse que lá iam falar linguagem da favela com o meu filho, nunca tinha levado ele lá.

AMÉLIA O que disseram pro "inocentinho"?

CAROLINA A linguagem que você usa.

ZEFA Repete umas delas pra gente aprender.

Grito no barraco de Lina.

Mulheres comentam:

O Adauto hoje começou cedo a bater na Lina.
Não é grito de quem tá apanhando.
Vamos espiar.

O povo que cercava Carolina desloca-se em direção ao barraco de Lina. Carolina volta com os filhos para o seu barraco.

VOZ DE LINA Minha filha morreu!

Comentários das mulheres:

Morreu a criança!
Pobrezinha!

Essa ao menos não vai sofrer.

Foi pro céu em vez de viver neste inferno.

Uma que não passa mais fome.

Dentro do barraco de Carolina:

JOÃO — Mãe, tô cortando o toucinho.

VERA — Mãe, frita um bife bem grande pra mim?

Carolina põe a frigideira no fogo.

JOSÉ CARLOS — Mãe, posso dar um pedacinho de carne pra cachorrinha?

Carolina corta um bife e joga na frigideira e dá um pedaço de carne para José Carlos dar à cachorrinha.

CAROLINA — *(Quando a carne começa a frigir)* Que bonito o ruído do frigir da gordura! É o som da fartura.

No centro do palco, dois ou três homens armam um pequeno caixão de defunto. Zita, grávida, entra pelo fundo e atravessa o palco em direção ao barraco de Carolina.

Gente comenta:

Parece a Zita.

É ela mesma.

Como engordou!

Pra quando você tá esperando?

ZITA — *(Na porta do barraco de Carolina)* D. Carolina.

CAROLINA — Que inferno! Nunca mais hei de matar porco na favela. *(Serve comida para os filhos)*

Comentários:

Veio procurar a Carolina.

Que será que tá querendo?

O endereço do Cigano. *(Ri)*

Os homens do caixão de defunto:

Providencia a pinga, Adauto.

Velório precisa de combustível.

ADAUTO — *(Pondo Nelson para fora do barraco com duas garrafas vazias nas mãos)* Vai buscar e não bebe no caminho.

NELSON — Eu não tomo cachaça.

Homens do caixão:

Esses moleques são vivos.
Gostam de pinga feito gente grande.
Gostam do que é bom.

VOZ DE LINA Me dá um gole para eu abafar minha mágoa.

Quarta cena

ZITA *(Na porta)* Dona Carolina!

CAROLINA *(Abre a porta)* Sua mãe não mora mais aqui na favela.

ZITA Eu sei. Ela e os meninos foram pra uma fazenda colher algodão.

CAROLINA Coitados! Eu já colhi algodão.

ZITA A senhora não me convida pra entrar?

CAROLINA Pode passar.

Zita entra e Carolina fecha a porta.

ZITA *(Olha com gula as crianças comerem)* Tô esperando filho.

CAROLINA Isso já vi.

ZITA *(Continua olhando a comida)* Catar papel dá dinheiro?

CAROLINA Não foi catando papel que comprei o porco. Criei ele a meias.

ZITA Não perguntei por mal. É que eu...

CAROLINA Por que você voltou?

ZITA A senhora foi a única pessoa que me tratou bem.

CAROLINA A última vez que lhe vi, veio se queixar que o filho de sua patroa... Mas logo depois teve gente que soube de você no barracão do Cigano.

ZITA Eu tava com medo de ir buscar meus trens na casa da patroa e ele ofereceu pra ir. Eu era muito boba e fui no barracão dele... *(Chora)*

CAROLINA Nunca falo com você que você não chore.

ZITA Eu não presto, devia ter morrido em criança.

Os homens que estavam construindo o caixão terminaram o serviço. Pintaram o caixão de branco e levam-no para dentro do barraco de Lina, erguido nos braços como se fosse um andor.

CAROLINA O filho é do Cigano?

ZITA Não sei.

CAROLINA Como não sabe?

ZITA Voltei pra casa da patroa e então o filho dela...

CAROLINA Você ainda tá trabalhando lá?

ZITA *(Olhando para a comida)* Ela disse que por enquanto eu posso ir ficando, mas depois que a criança nascer preciso cair fora. Não quer empregada com filho.

CAROLINA *(Serve um prato de comida e dá a Zita)* Comigo foi a mesma coisa. Quando o João nasceu, perdi o emprego.

ZITA *(Pegando o prato)* Não estou com fome, dona Carolina.

CAROLINA Pode comer. Tem bastante.

ZITA *(Come, famélica)* Por isso que perguntei se catar papel dá dinheiro.

CAROLINA Você sabe como vivo. Mas tenho sustentado os meus filhos e não me separei deles. Mãe tem obrigação. Pai não presta pra nada. O pai da Vera é rico e não dá ajuda que se aproveite.

ZITA Quando o menino nascer acho que vou vir para a favela.

Quinta cena

Nelson volta com as garrafas de pinga.

ADAUTO Deixa cheirar tua boca pra ver se você bebeu? (Cheira a boca do menino)

Gente do velório:

Me dá um trago.

Passa a garrafa pra cá.

VOZ DE LINA Uma garrafa é minha.

ADAUTO Não exagera.

Gente do velório:

Depois a gente faz uma vaca pra comprar mais.

Acho que um joguinho de baralho vinha bem.

Sexta cena

CAROLINA *(Para Zita, que lhe entrega o prato vazio)* Fico satisfeita em ver que você quer trabalhar pra criar seu filho. A mulher não deve prostituir-se. A prostituição é a derrota moral. É como um edifício que desaba.

Junto ao barraco de Lina há um par agarrado. Outro homem grita.

HOMEM QUE CHEGA Larga a negra que é minha.

HOMEM ABRAÇADO É nossa.

OUTRO HOMEM Respeitem o velório do anjinho.

Sétima cena

As crianças de Carolina brincam com a cachorra, que colocaram no chiqueiro do porco. Por trás do chiqueiro, aparece um homem bem-vestido, usa óculos. É o pai de Vera.

PAI DE VERA É aqui que mora Carolina?

JOÃO *(Grita para dentro do barraco)* Mamãe, atende o homem de óculos.

ZITA Eu vou embora.

CAROLINA Por mim, não; hoje não posso sair, senão esse povo invade o meu barraco pra roubar carne.

ZITA Tenho que ir. Disse pra patroa que ia no doutor.

JOÃO Mãe, o homem tá esperando.

Zita sai. Carolina espia o homem.

CAROLINA Você?!

PAI DE VERA Por onde se entra aqui?

CAROLINA Dá a volta.

Pai de Vera dá a volta pelo terreiro central.

As gentes que estão junto ao barraco de Leila comentam:

Grã-fino quando vem na favela é candidato.

Se fosse candidato, vinha fazendo discurso.

Vai no barraco de Carolina.

Então deve ser o repórter.

Não é, não. O repórter eu conheço.

Eu também conheço. Ele fez uma reportagem aqui na favela.

Você acredita que ela vai sair na revista?

Carolina abre a porta. O Pai de Vera entra. As crianças entram no barraco para ver o homem.

CAROLINA — Vera, é o teu pai que veio te ver.

VERA — *(Olha o homem, desconfiada)* Você nunca deixa o dinheiro pra eu comprar sapato.

PAI DE VERA — *(Tira dinheiro miúdo do bolso e dá para as crianças)* Vão comprar balas.

Os meninos saem. José Carlos pega o estilingue que João fizera.

VERA — Quero sapato.

PAI DE VERA — Toma, Carolina.

CAROLINA — 100 cruzeiros não chega pra um par de sapatos.

PAI DE VERA — Como a vida está cara!

CAROLINA — Isso não precisa que me digam.

PAI DE VERA — Você me escreveu que a menina estava doente, eu vim vê-la.

CAROLINA — Demorou tanto que, se ela dependesse de teu auxílio, já tinha morrido.

PAI DE VERA — Eu estava viajando.

CAROLINA — Quando penso que você é homem de recursos e tem escritório cheio de empregados, eu desejo ser preta...

PAI DE VERA — E você não é preta?

CAROLINA — Sou. Mas eu queria ser destas negras escandalosas para ir lá e no meio de todos te xingar e dizer que você não auxilia a tua filha.

PAI DE VERA — Você está nervosa, com razão, eu devia ter vindo antes. Eu estava viajando, juro que é verdade. Agora vim trazer o dinheiro.

CAROLINA — Acho que é a primeira vez que você me procura para esse fim.

PAI DE VERA — Quero pedir um favor em troca.

CAROLINA — Eu sei que você gosta de barganhar.

PAI DE VERA Não ponha meu nome no seu diário, Carolina. É um favor que você me faz.

CAROLINA Não sabia que meu diário era tão conhecido e até você já tinha ouvido falar nele.

PAI DE VERA *(Entregando dinheiro)* É para as despesas com a Vera.

VERA Que papai bom que eu tenho.

PAI DE VERA Promete, Carolina. Não custa nada a você ocultar meu nome.

CAROLINA Já prometi antes e torno a prometer.

PAI DE VERA Eu sabia que você não me negava este favor. *(Levanta-se para sair)*

Os dois meninos de Carolina voltam com as balas que foram comprar.

As pessoas do velório comentam:

Sempre que chega visita, a Carolina manda os filhos passearem.

Pai de Vera sai do barracão de Carolina.

Vai embora já.

Demorou pouco.

Ainda vou descobrir quem ele é.

Pai de Vera vai embora.

João e José Carlos entram no barraco e dão parte das balas para Vera enquanto falam.

JOÃO Mãe, a reportagem saiu.

JOSÉ CARLOS O jornaleiro mostrou. Vi teu retrato.

CAROLINA Então foi por isso que ele ficou sabendo do diário?

JOÃO O quê?

CAROLINA O pior é que quando eu prometo, eu cumpro.

JOÃO Você tem dinheiro pra eu ir comprar a revista?

Carolina dá o dinheiro. Os meninos saem correndo. José Carlos sempre brincando com o estilingue.

Entra Honório com a revista na mão.

HONÓRIO *(Para Carolina)* Não fecha a porta, Carolina, é contigo mesmo que eu quero falar.

CAROLINA Não tenho assunto com você.

HONÓRIO Por que você contou aqui *(Mostra a revista)* que eu não trabalho?

O pessoal do velório aproxima-se para prestar atenção no bate-boca.

CAROLINA Podia ter dito pior. Pensa que não faço as contas? Você cobrou 150 cruzeiros de depósito de 119 barracões...

HONÓRIO As mulheres me contam o que você fala de mim.

CAROLINA São umas idiotas. Eu quero defendê-las porque há ladrões de toda espécie. Mas elas não compreendem.

Algumas pessoas estão bem próximas e falam:

Deixa ver a revista.

(Lendo) "Retrato da favela no Diário de Carolina".

Pra ver se você está desmoralizando a favela.

CAROLINA Eu escrevo porque preciso mostrar aos políticos o que se passa aqui.

HONÓRIO *(Tomando a revista dos que estavam olhando)* Se quiser, vai comprar.

SEBASTIANA Eles te pagaram?

CAROLINA Vão me dar uma casa.

Comentários:

Vai esperando.

Vão ganhar dinheiro nas tuas costas e não vão te dar nada.

Estão te embrulhando.

Vou gastar 15 cruzeiros para comprar a revista.

Eu não compro porque não sei ler.

Começa cantoria no barraco de Lina.

Não respeitam o velório.

O povo desloca-se em direção ao barraco de Lina.

Esses nortistas gostam é de cantar.

Cantoria tem vez.

Bobagem, velório de criança tem de ser alegre.

Quem morreu em pequeno não pena depois de grande.

Entra João correndo desabaladamente com a revista na mão.

JOÃO (*Abre a porta do barraco e fala para dentro)* Mamãe, o José Carlos vai pro Juiz de Menores.

CAROLINA Por quê?

JOÃO Ele jogou uma pedra na vidraça da fábrica de peças de automóveis e quebrou. O homem que toma conta da fábrica disse que vai mandá-lo para o Juiz.

CAROLINA (*Pega o dinheiro e põe a revista embaixo do braço)* Acho que ele não vai. Uma vidraça sua mãe pode pagar.

Vendo Carolina se afastar, o povo se distancia e comenta:

Com a novidade da reportagem desistiu de ficar guardando o porco.

Vamos pegar um pouco de carne?

Não quero aparecer no livro dela como ladra.

Ela já falou tão mal da favela na revista que pior não pode dizer.

Vera sai do barraco e fica dando carne para a cachorrinha que está no chiqueiro.

Mulheres espiam pelas frinchas para dentro do barraco de Carolina:

Não tem ninguém.

Vamos entrar.

Marzinho põe-se em guarda na porta do barracão de Carolina.

MARZINHO Cuidado que as pragas dela pegam.

MULHERES Dá o fora.

Você tem medo da Carolina?

Quem te marcou à bala foi o Cigano, não foi ela.

MARZINHO Foi praga que ela me rogou. Aleijou minha mão. Nunca mais pude bater carteira.

MULHERES Carteira não, mas outras coisas a mão não te impede de roubar.

Sai da porta.

Deixa a gente entrar.

Lá vem voltando ela.

CAROLINA (*Falando para José Carlos)* O que você foi fazer lá? Quem anda à toa arranja encrenca.

JOÃO Quanta gente na nossa porta!

CAROLINA Que é que vocês perderam aí?

MULHER A rua é pública.

Carolina e os filhos passam entre o grupo de gente e entram em casa. O povo esparrama. Voltam ao barraco de Lina.

Que horas vai ser o enterro?

Acho que já é tempo.

De noite vai ter baile?

Tá com jeito.

Então é bom ir logo pro cemitério.

VERA *(Ao ver Carolina entrar)* Mãe, me dá um bife?

Carolina pega a frigideira e põe no fogo.

Gritaria de Lina.

LINA *(Grita de dentro do barraco)* Vão levar minha filha! Sua mãe vai ficar sozinha! Me levem junto! *(Gritos)*

Saem com o caixãozinho da criança morta.

MULHERES Quando minha filha morreu, eu gritei muito mais.

Para morte de anjinho acho que o choro foi suficiente.

Da janela do barraco de Carolina, João espia a saída para o enterro. Agripino, bêbado, cruza o palco e entra em um barraco.

ACOMPANHANTE DO ENTERRO *(Para Agripino)* Não entra aí, Agripino.

AGRIPINO Vou visitar a Neca.

ACOMPANHANTE DO ENTERRO Se o Negrão chega e te pega aí dentro, te mata sem piedade.

Agripino entra no barraco.

JOÃO Mãe, Agripino entrou no barracão da Neca, diz que vai visitar ela.

CAROLINA O Agripino anda tão fora de si...

JOÃO O Lalau falou que se o Negrão pega ele lá, vai matar ele.

CAROLINA *(Sai e vai até o barracão de Neca)* Agripino!

AGRIPINO Me deixa em paz!

Carolina entra no barracão.

JOSÉ CARLOS Vou dar carne pra cachorrinha.

As três crianças vão até o chiqueiro.

VERA Ela tá dormindo.

CAROLINA *(Sai do barraco de Neca trazendo Agripino consigo)* Você está bêbado, vai embora.

AGRIPINO Eu sou muito infeliz. Desde que Marina morreu nunca mais ninguém me quis.

CAROLINA *(Ri)* Desculpe, não estou rindo por mal. É que você fez um versinho.

Agripino vai embora e entra no próprio barraco.

As crianças continuam em volta do chiqueiro.

JOÃO Ela está morta.

CAROLINA Que foi?

JOÃO A cachorrinha morreu de tanto comer carne.

CAROLINA Sorte dela. Pior é morrer de fome.

JOSÉ CARLOS A gente vai fazer o enterro dela.

Saem os três por trás do chiqueiro levando o corpo da cachorrinha. Nelson esgueira-se do barraco de Lina e vem até o de Carolina, entreabre a porta e mete a cabeça para dentro.

CAROLINA O que é?

NELSON Vim dar adeus. Vou embora pra onde tá minha mãe.

CAROLINA Afinal criou juízo.

NELSON Se eu ficar, a Lina vai me matar de fome.

CAROLINA *(Frita um bife)* Vou te dar comida.

NELSON Aproveitei pra fugir agora que todos foram pro enterro.

CAROLINA De que foi que morreu a menina?

NELSON A Lina e o Adauto tavam bêbado e de noite deitaram em cima da criança. Levaram no hospital mas não adiantou. Tava toda quebrada por dentro.

CAROLINA *(Dá o bife para o menino)* Toma, meu filho. Vai embora depressa. Dá lembranças minhas pra tua mãe.

Nelson sai pelo lado do chiqueiro.

Carolina senta para olhar a revista como quem olha um triunfo.

Joaquim bate na porta do barraco e como Carolina não atende, ele abre e entra.

JOAQUIM Tudo em ordem, Carolina?

CAROLINA Quando há comida, tudo vai bem.

JOAQUIM Fiquei com receio que essa gente invadisse teu barraco por causa da carne.

CAROLINA Teu irmão te contou?

JOAQUIM Todo dia quis vir, mas estava preso no trabalho. Só agora é que foi possível.

CAROLINA Agradeço a boa vontade.

JOAQUIM Vejo que tem a revista. Comprei esta para trazer.

CAROLINA *(Pegando a revista que ele trouxe)* Obrigada. Você leu?

JOAQUIM Li. Você diz tantas coisas. Você é comunista, Carolina?

CAROLINA Eu? Não. Sou realista. Conto o que vi.

JOAQUIM Sua vida é muito sacrificada. *(Dá dinheiro para ela)* Toma, Carolina, não tive tempo de comprar um presente.

CAROLINA Eu trabalho pra mim e meus filhos. Não aceito seu dinheiro.

JOAQUIM Por que você me afasta assim?

CAROLINA Não posso preocupar com homens.

JOAQUIM Você não me quer mais?

CAROLINA Nunca tive sorte com homens. Por isso não amei ninguém. Os homens que passaram na minha vida só arranjaram complicações pra mim. Filhos pra eu criá-los.

Corte de luz.

Oitava cena

Esta cena ocorre alguns meses depois, na favela. Carolina bem-vestida e os filhos também vestidos e calçados estão dentro do barracão. Carolina põe os livros em uma mala.

CAROLINA Só vou levar os livros. É só o que se aproveita daqui.

O povo no terreiro faz comentários:

Ela vai embora hoje.
Ganhou mesmo a casa que lhe prometeram.
Diaba de sorte.
O livro dela foi publicado.
Livro idiota, ninguém vai querer ler, só fala em miséria.
Expõe a vida da gente.
Ela diz que é para ajudar os favelados.
Ajudar em quê?
Pra acabar com a favela.
Você acredita que esse dia vai chegar?

CAROLINA *(Pega a última pilha de livros e cai a intimação que João escondera)* Foi você que pôs isto aqui, João?

JOÃO Eu não queria ir para o Juiz.

Carolina rasga a intimação.

Zita atravessa o palco, vindo pela entrada do fundo. Caminho da cidade. Traz um recém-nascido nos braços.

Comentários do povo:

Mais uma que vem morar na favela.
Agora é que ela vai saber o que é miséria.

Carolina pega a mala com os livros e abre a porta para sair. As crianças adiantam-se ansiosas para irem embora.

ZITA Carolina, você vai embora? *(Chora)*

As crianças chegam à saída para a cidade.

JOSÉ CARLOS Vem, mãe.

JOÃO O repórter tá esperando no carro.

VERA Que bom! Vou andar de carro.

CAROLINA *(Para Zita)* Não chora por mim que me vou. Chora por ti e pelos que ficam.

FIM

a acei queixar para a baia
-ha cia dos coelhos que o que
eu ganho não dá para todos
os filhos como se deve.
Eles não tem roupas, nem o que
calçar. E eu não paro um ins-
tante. Tudo que se póde atender
e a mestrea continua firme
ao meu lado.
Ela disse: — é que já está com
nôjo da vida. Que não vê a
hora de morrer.
Ouvi seus lamentos em silêncio. disse-lhe:
Nós já estamos predestinados
a morrer de fome!
Achei as latas e fui fazer café
Fui comprar pão, meio de açúcar
e clayton. Eu ia sair. Eles
me fiz beber tintimos e ...
resolvi não sair. Eles não tinha
todo ... Afinal este é ...

Carolina Maria de Jesus

Carolina Maria de Jesus nasceu em 1914, em uma comunidade rural de Sacramento (MG), onde permaneceu até a morte da mãe, em 1937. Apesar de ser filha de pais analfabetos, Carolina estudou até o segundo ano do primário, que hoje equivale ao segundo ano do Ensino Fundamental. Mesmo tendo sido obrigada a largar os estudos, o tempo que passou na escola foi suficiente para que ela fosse alfabetizada e desenvolvesse o gosto pela leitura.

Em 1937, mudou-se para São Paulo, onde trabalhou como doméstica para se sustentar. Em 1947, no entanto, grávida do primeiro filho, viu-se desempregada e compelida a se mudar para a favela do Canindé, na Zona Norte da capital. Deu à luz seu primeiro filho, João, em 1948. José Carlos, seu segundo filho, nasceu em 1949 e Vera, a caçula, em 1953. Para sustentar os filhos e morando na favela, Carolina passou a catar sucata e papel nas ruas. Passou fome, necessidade, privação, mas manteve-se honesta, trabalhadora e dedicada à criação dos filhos.

Carolina catava papel de dia e escrevia à noite, em cadernos ou em papéis que encontrava no lixo. Sentia a necessidade de registrar o cotidiano da favela, as injustiças que presenciava e das quais muitas vezes era alvo, seus desejos, pensamentos, esperanças, sua indignação diante da desigualdade social, do machismo, do preconceito.

Certo dia, por ocasião de uma reportagem que o jornalista Audálio Dantas precisou fazer sobre a favela do Canindé, o repórter se deparou com um dos diários de Carolina e viu aí uma oportunidade editorial única, muito mais interessante e reveladora do que a reportagem que havia sido destinado a fazer. Audálio compilou e editou o material escrito por Carolina e, em 1960, publicou *Quarto de despejo: diário de uma favelada*, que teve a tiragem inicial de 10 mil exemplares vendida em uma semana.

A obra foi traduzida para mais de 13 idiomas, teve muitas outras tiragens e continua em catálogo até hoje, sessenta anos depois de seu lançamento.

O sucesso do livro tirou Carolina da favela, possibilitou-lhe a compra de uma casa de alvenaria, como ela chamava, espantou o fantasma da fome, criou oportunidades de Carolina viajar o Brasil para divulgar sua obra e conhecer muita gente. Mas não foi suficiente para tirá-la da pobreza. Quase esquecida pelo público e pela imprensa, Carolina Maria de Jesus morreu em um pequeno sítio na região de Parelheiros, periferia de São Paulo, aos 62 anos, em 1977.

Edy Lima

Nascida em Bagé (RS) em 1924, Edy Lima é jornalista, escritora, dramaturga e autora de mais de cinquenta livros, muitos deles inspirados no folclore brasileiro, sendo o mais famoso o clássico infantojuvenil *A vaca voadora*, primeiro de uma série de sete livros. Seus livros já foram vertidos para o espanhol, italiano e catalão. Também já foi editora e produtora de discos para crianças e autora de novelas para TV.

Iniciou sua carreira com a publicação de um conto na *Revista do Globo*, quando tinha apenas 19 anos. Aproveitou a oportunidade para pedir emprego na revista: encontrou aí a chance de se sustentar e ir morar em Porto Alegre, pois queria sua autonomia e sempre acreditou na independência das mulheres. Aos 20 anos, encorajada por Monteiro Lobato, Edy Lima mudou-se para São Paulo, onde deslanchou sua carreira e sobressaiu-se como uma das poucas mulheres em um ramo predominantemente masculino, como era o do jornalismo na época. Trabalhou nos extintos *Jornal de São Paulo* e *Diários Associados*, onde era editora de um caderno feminino. Em lugar de publicar frivolidades, como era praxe, procurava driblar as orientações da época publicando matérias que pudessem alargar os horizontes do universo das mulheres. Essa força está presente em sua obra por meio da construção de personagens femininas fortes, emancipadas, protagonistas da própria vida.

Como autora de teatro, Edy Lima notabilizou-se pela peça *A farsa da esposa perfeita*, que escreveu quando integrava o Teatro de Arena. A peça teve diversas montagens e foi dirigida por nomes como Augusto Boal, em 1959, Mario de Almeida, em 1960, José Pimentel, em 1961, pelo Grupo de Teatro Independente, em 1966, e por Fernando Peixoto, em 1993.

Edy Lima já foi laureada com diversos prêmios, como o Jabuti, o Prêmio da Associação Paulista dos Críticos de Arte (APCA) e o do Serviço Nacional de Teatro, entre outros. Tem um casal de filhos, dois netos, uma neta e dois bisnetos. É a mulher mais velha do Sindicato dos Jornalistas do Estado de São Paulo e, apesar dos quase 100 anos de idade, até hoje continua contribuindo com a arte brasileira.

SOBRE O ILUSTRADOR

No Martins

No Martins nasceu em 1987, em São Paulo (SP), onde vive e trabalha. É graduado em artes visuais pela Faculdades Metropolitanas Unidas (FMU). Teve seus primeiros contatos com as artes visuais em 2003, por meio da pixação (arte de rua paulistana) e do graffiti. Entre os anos de 2007 e 2011, frequentou os ateliês de gravura da Oficina Cultural Oswald de Andrade em São Paulo, onde teve aulas com artistas como Rosana Paulino, Kika Levy, Ulysses Bôscolo, entre outros.

Atualmente sua produção transita pelas linguagens da pintura, da performance e de experimentações com objetos, o que se dá a partir de pesquisas sobre as relações interpessoais no cotidiano, mas principalmente sobre o convívio e os problemas enfrentados por negros e negras no cotidiano urbano, discutindo racismo, violência policial e o genocídio da população negra brasileira.

Este livro foi composto pelas fontes Anteb, IvyPresto, Mrs Eaves XL, Summer Loving e Retrouvailles e impresso em papel Pólen bold 90g/m².